Jahrbuch 2005
der Oskar Maria Graf-Gesellschaft

Herausgegeben von Ulrich Dittmann
und Hans Dollinger

Weitere Informationen über den Verlag und sein Programm
unter: www.allitera.de

Bibliographische Information der Deutschen Bibliothek

Die Deutsche Bibliothek verzeichnet diese Publikation in der
Deutschen Nationalbibliographie; detaillierte bibliographische Daten
sind im Internet über <http://dnb.ddb.de> abrufbar.

Mai 2005
Allitera Verlag
Ein Books on Demand-Verlag der Buch&media GmbH, München
© 2005 Buch&media GmbH (Allitera Verlag)
Umschlaggestaltung: Kay Fretwurst unter Verwendung eines Fotos
von Josef Breitenbach (1954)
Herstellung: Books on Demand GmbH, Norderstedt
Printed in Germany · ISBN 3-86520-083-4

Inhalt

Vorwort 7

OSKAR MARIA GRAF
Erinnerungen an einen vielgeliebten Raunzer 9

PIERRE KODJIO NENGUIÉ
Exil, Multikulturalität und Literaturbegriff 43
Zu Oskar Maria Grafs »An manchen Tagen«

WALTER VON REINHART
Apokalyptische Erfahrung und utopische Hoffnung. 56
Oskar Maria Grafs »Die Erben des Untergangs«

ULRICH DITTMANN
Annäherung an ein Meisterwerk. 106
Oskar Maria Grafs »Unruhe um einen Friedfertigen«

ULRICH DITTMANN
»Unser verschobenes Heimkommen« 127
Oskar Maria Grafs Briefwechsel
mit dem Malerehepaar Max und Rosmina Radler
von 1945 bis 1976

Vorwort

Der sechste Band des Jahrbuchs der Oskar Maria Graf-Gesellschaft erscheint in einem neuen Verlag. Der Wechsel ist nach langer Verzögerung geglückt, während der man erfreulicherweise öfter nach einer Sammlung von Stimmen zu Graf nachfragte und uns anregte, nicht auf ein kompakteres Organ der Gesellschaft, wie es das Jahrbuch darstellt, zu verzichten. Künftig soll das Jahrbuch wieder seinem Namen gerecht werden und regelmäßig erscheinen, zumal der Allitera Verlag durch die moderne Digitaldrucktechnik dauerhafte Lieferbarkeit der Jahrbücher garantieren kann.

Die vorliegenden Beiträge konzentrieren sich biographisch auf Oskar Maria Grafs Werk in der Zeit nach 1945.

Allen voran stehen die in diese Zeit fallenden, wenn auch nicht genau datierbaren, hier erstveröffentlichten »Erinnerungen« Grafs an Adam Scharrer, zu denen leider die ersten beiden Seiten fehlen. In diesem Text setzt Graf jenem Kollegen ein Denkmal, der in der »Reise in die Sowjetunion« immer wieder Zielscheibe seines Spotts war.

Es folgt ein Aufsatz zu der späten Sammlung von Grafs theoretischen Beiträgen, für die ein afrikanisches Mitglied der Gesellschaft dank fremdkultureller Sicht und großer Empathie bemerkenswerte Perspektiven entwickelt. Der Abdruck der Interpretationen zu »Eroberung der Welt« von Walter von Reinhart (Germanist an der University of Rhode Island) und zu »Unruhe um einen Friedfertigen« von Ulrich Dittmann gehen auf mehrfache Anregungen zurück, anhand von Einzelwerken einlässlich Grafs Erzählkunst zu diskutieren. Gerade für didaktische Zwecke fehlen Spezialuntersuchungen.

Eine Zusammenfassung der Korrespondenz Grafs mit seinem »Münchner Brückenkopf« aus der Nachkriegszeit, die einem schon zweimal von Bayern2 gesendeten Rundfunkfeature zugrunde lag, schließt dieses Buch ab.

Die Herausgeber freuen sich, daß früh im Jahr der neue Band erscheinen kann, sodaß sich hoffentlich weitere Graf-Leser zu ihren Beiträgen für Folgebände anregen lassen.

München im März 2005
Ulrich Dittmann und Hans Dollinger

Oskar Maria Graf:
Erinnerung an einen vielgeliebten Raunzer

V*orbemerkung: Für den Anfang des Textes meldet bereits das Inventar der University of New Hampshire Library Durham (USA), von wo der OMG-Nachlaß nach München kam, »Incomplete: p. 1–2 wanting«. Die Autor-Korrekturen in dem heute in der Handschriftenabteilung der Bayerischen Staatsbibliothek aufbewahrten Typoskript (Ana 440.13.26) vermerkt der Abdruck durch folgende Zeichen:*

[abc]   bedeutet Streichung durch den Autor
<abc>   bedeutet Bleistift-Einfügung über dem gestrichenen Text.

[...] in dem schönen amtlichen Schreiben: »Wollen Sie sich auf Sowjetboden als unser Gast betrachten.«

Es lässt sich leicht denken, wie hochgestimmt ich war. Ich konnte mir zwar beim besten Willen nicht recht vorstellen, was ich auf diesem gewichtigen Kongress anfangen sollte, aber ich kam mir in anbetracht dieser Einladung als sehr begehrte Persönlichkeit vor, auf die man etwas gibt. [Ausserdem war ich in meinem ganzen Leben noch nie so seriös gereist.] Als hartgesottener Zivilist erwartete ich also eine herrliche Reise, einige Anregungen, neue Bekanntschaften mit interessanten Menschen und einige Einblicke in das Leben unbekannter Völker. Alles andere kümmerte mich wenig. Zivilisten nämlich haben [ganz alltägliche Interessen und] keine voreingenommenen Absichten. Sie nehmen das Leben, [wie es ist,] ohne Argwohn [aber auch] und ohne allzugrosse Erwartungen. Sie sind bequem, meist recht genußsüchtig, skeptisch, aber humorvoll, weil sie ziemlich ungläubig sind. Eigentlich passen sie gar nicht mehr recht in unser hochpolitisiertes, uniformiertes Zeitalter, weil sie zu privat empfinden. Sie halten nicht viel von sich und darum auch wenig von den Menschen. Und meine Mutter selig hat immer gesagt: »Was ist so ein Mensch schon?! Nackt ist er nackt wie jeder, und wenn er gestorben ist, ist er ein Haufen Dreck!«

Indessen diesmal – ich muss es zugeben – diesmal war ich vor Freude verwirrt, ich war fast berauscht. Es geht jetzt weit fort, unvorstellbar weit fort, dachte ich, es geht ins Ungewisse, in eine Fremde, in der alles ganz, ganz anders sein wird als bisher. Ich verspürte ein erwartungsvolles Prickeln dabei, beinahe so wie bei einer neu aufflammenden Verliebtheit. Ich stellte mich, wenngleich ich doch vorläufig nur mit einem ganz gewöhnlichen Bummelzug von Brünn nach Prerau fuhr, um dort umzusteigen, auf die vordere Plattform des Waggons, liess den heissen Sommerwind um mich brausen und hörte dem jagenden Hämmern der Räder zu. Aufgefrischt und vergnügt schaute ich auf die vorüberkreisenden Felder, auf die Dörfer, die Bäume und in den wolkenlos klaren Himmel – sonderbar, alles das hatte für mich schon ein anderes Gesicht. Mir war, als durchsause mein Zug bereits die unendliche russische Steppe, von der in den Büchern der russischen Schriftsteller, die ich gelesen hatte, soviel die Rede war. Das Bekannteste erschien mir neu, wie nie gesehen. In meiner Seligkeit war ich gewissermassen schon entrückt, ich befand mich bereits in der grossen, riesigen Fremde.

Dann hielt der Zug – und in Prerau war es nicht anders als in Brünn. Ich kam sozusagen wieder zu mir. Umsteigen ist seit jeher eine sehr komplizierte Sache für mich gewesen. Mit Schrekken erinnerte ich mich, wie ich einmal während der deutschen Revolutionszeit anno 1919 in Nürnberg in einen falschen Zug stieg und statt in Berlin in Frankfurt ankam. Darum war ich jetzt höchst unruhig und fragte alle möglichen Menschen um Auskunft. Ja, hiess es, der D-Zug Oderberg-Warschau komme in zirka einer halben Stunde, und man verwies mich auf die Tafel mit den Abfahrtszeiten.

In Prerau gab es damaligerzeit nur weibliche Gepäckträger. Ich engagierte eine, gab ihr im Voraus fünf Kronen und bat sie, sich in meiner Nähe zu halten. Ich setzte mich an einen gedeckten Tisch im Vorgarten des Wartehallen-Restaurants, und es war mir recht unbehaglich zumute. Hunger hatte ich absolut nicht, doch irgendetwas musste doch getan werden. Ich bestellte also ein Mittagessen, bezahlte sogleich und schlang es ziemlich abwesend und appetitlos hinunter. Immerzu schaute ich forschend auf die vielen Geleise, die in der Sonne silbern glitzerten. Jedesmal, wenn ein Zug einlief, fragte ich die Trägerin nervös, ob das der meine sei. Sie verneinte, aber insgeheim bezweifelte ich ihre Auskunft trotzdem. Aufstehen hingegen wollte ich auch wieder nicht, denn da hätte man zu deutlich den unbereisten Provinzler in mir erkannt, und eitel wie der Mensch nun einmal ist, versuchte ich natürlich in der ungewohnt neuen Situation den Sicheren zu spielen. Zwischenhinein aber ging mir durch den Kopf, dass mir doch jeder Mensch die Hilflosigkeit vom Gesicht herunterlesen könne. Und das ärgerte mich.

Endlich, endlich lief mein Zug ein. Die Trägerin winkte, ich sprang auf und wollte ihr tragen helfen, denn ich schämte mich, eine so schwer schleppende Frau neben mir hergehen zu lassen.

»Aber nein, Herr, aber nein!« wehrte die Trägerin freundlich ab: »Der eine Koffer ist doch gar nicht schwer! Aber nein, Herr!« Ich verließ mich vollkommen auf sie, und, richtig, sie brachte mich in einen eleganten II. Klasse-Waggon, verstaute, während ich im schmalen Gang stehen blieb, fachgerecht meinen Koffer und wünschte mir eine gute Reise. Ich gab ihr noch einmal fünf Kronen, sie dankte überaus herzlich und ging. Ich atmete auf. Jetzt konnte nichts mehr passieren – höchstenfalls ein Eisenbahnunglück. Mit wohligem Behagen sah ich in all die Gesichter, die sich an mir vorüberschoben. Das mussten zum mindesten Millionäre und Weltdamen sein. Glattrasiert und sehr elegant gekleidet waren die Männer, die Damen hatten gepuderte Gesichter und dufteten diskret, und alle trugen bei dieser Hitze Handschuhe. Fremde Sprachen hörte ich, hineingestellt war ich auf einmal in die sogenannte »grosse Welt«. Ich kam mir [in dieser Gesellschaft wirklich] sehr gehoben vor. –

Das Getriebe auf dem Perron ebbte langsam ab, die Würstel- und Bierverkäufer rannten und plärrten mit letzter Heftigkeit, die schweren Waggontüren flogen krachend zu, die Räder quietschten, der Zug fuhr langsam an und kam in Schwung.

Hm, jetzt fehlt mir zu meinem Glück nur noch, dass ich einen Bekannten treffe, dachte ich und zwängte mich durch die hin- und hergehenden Leute vom Gang ins Coupé. Da – ich wurde sofort springlebendig und heiter – da hockte, in sich zusammengesunken und eingeknickt, neben sich die kleine, magere, blasse junge Frau ebenso schlafend, mein Freund Adam Scharrer. Adam: Gewesener Prolet wie ich, jetzt emigrierter, antifaschistischer deutscher Schriftsteller wie ich – wohin konnte er schon fahren? Da, wo ich auch hinreiste! Jetzt war alles wie gewünscht! Wunderbar!

Mürrisch wegen der Störung schlugen die zwei ihre verklebten Augen halb auf. Sie räkelten sich und wollten weiterdösen. »Verfluchtes Gekarre, verfluchtes!« knurrte Adam in sich hinein und drehte den Kopf schläfrig zur Seite.

»Mensch! Adam! Adam?!« schrie ich lachend und stellte mich breit vor die beiden: »Adam!!« Sie erwachten und starrten halb verdutzt und halb benommen auf mich.

»Adam!« lachte ich: »Ja, ich bin's schon, jaja, der Graf!« Sie erkannten mich endlich, doch das stimmte sie keineswegs freundlicher, im Gegenteil.

T-jaa, hm, du?... T-jaa, wo willst *du* denn hin?« fragte Adam erstaunt. »Ich?... Nach Moskau, wie ihr!« [lachte ich erneut.] Sein Gesicht verschloss sich im Nu. [Er und seine Frau musterten mich fast feindselig] »Was? *Du?*... nach Moskau?« stiess Adam heraus [noch baffer, fast beleidigt und fing zu knurren an] »Mm, da hört sich doch schon alles auf! Was willst *du* denn dort? Dich kennt doch kein Mensch!.. Du bist doch höchstens zwischen Regensburg und Dachau bekannt!.. Hmhm, so was fährt nach Moskau!« Er hatte eine Miene bekommen, als sei er tief verstimmt, als ärgere er sich bis in seinen Magen hinein, dass die Moskauer ihn nicht meinetwegen um Auskunft und Erlaubnis gefragt hatten.

Einige von Adams Büchern hatte ich in Deuschland und im Exil gelesen, ihn selber lernte ich erst während einiger Besuche in Prag kennen. Er war ein unschematischer, eigener Mensch, und ich mochte ihn vom ersten Augenblick an gern. Immer in Not und Bedrängnis, schrieb er unverdrossen, und wie er an so ein Buch heranging, das war höchst eigentümlich.

»Von meinem Frauenroman hab ich jetzt das vierzehnte und das Schlusskapitel fertig... Das steht. Sobald ich zur Ruh' komm', fang ich an,« erzählte er einmal. Das interessierte mich ungemein, und nach weiterem Fragen erfuhr ich, dass er stets irgendwelche Kapitel, die scheinbar ganz unabhängig voneinander waren, zum Schluss zusammenmontierte, wie er das nannte. Deswegen vielleicht blieben seine Bücher so unterschiedlich, immer aber blieben sie echt, und es erstaunte, dass die Handlung bei allem Verschweifen ins Detail, dennoch den epischen Fluss nicht verlor.

Abgesehen vom Literarischen, [aber] zog mich <vor allem> noch etwas ganz anderes zu Adam hin. Ich liebte ihn geradezu, weil – er mürrisch war. Ein mürrischer, raunzerischer Mensch mit Talent ist immer skurril, und für entgegengesetzte, heitere Temperamente kann er oft zur unterhaltsamsten Belustigung werden. Wenn man es versteht, ihn unauffällig in Rage zu bringen, wenn dann sein Gesicht langsam rot wird, wenn schließlich seine Schläfenadern anschwellen oder etwa wenn er sich wie vernichtet der beleidigten Resignation (die freilich nie lange dauert) hingibt und eine störrische Leichenbittermiene bekommt – das kann wahres Jubilate sein. Das Drollige an solchen Käuzen ist, dass sie obendrein meistens, man kann es nicht anders sagen, auch hinreißende Pechvögel sind.

Und Adam?!

Wenn ich ihn mitunter so unvermerkt anschaue: Sein gedrungener, mittelgrosser Körper, das etwas pausbäckige, bartlose, zusammengedrängte Gesicht mit der immer gefurchten, eigensinnig geraden Stirn, die kurze Sattelnase, die kleinen, fortwährend beschäftigten, ewig misstrauischen, fast erschreckten Augen, dazu der merkwürdige, kleine Strindbergmund und die schon stark angegrauten Haare, die beständig in die Kopfmitte als kleiner spitzzulaufender Schüppel à la Max und Moritz in die Höhe spitzten – Adam konnte nur Pech haben, und »dieses Pech«, meint Shakespeare, »pflegt zu besudeln«. Adam *musste* Pech haben, denn wo hätte er sonst seinen fortwährenden galligen Ärger hergenommen? Ja, was hätte er überhaupt ohne ihn gemacht?!

Ich war überglücklich. Ich hatte Stoff für die Reise. [Meine Verwirrung war verschwunden.] Ich war wieder in meinem Element. Jetzt hieß es nur noch: Zivilist, bewähre dich!

2.) Stillvergnügte Eisenbahn-Unterhaltung.

Außer Adam, seiner Frau und mir saß noch ein leicht beleibter Herr in elegantem, gestreiften hellgrauen Anzug in unserem

Coupé, mit nagelneuen gelben Schuhen und vielen Brilliantringen an den behaarten, kurzen, dicken Fingern. Prall dehnten sich seine fleischigen Oberschenkel beim Sitzen aus und ließen die Bügelfalten der Hosen verschwinden. Er hatte eine fettige Gesichtshaut, tiefschwarzes, glänzendes Haar und einen ebensolchen Schnurrbart. Alles, was er trug und bei sich hatte, schien eben erst gekauft: Der umfängliche Koffer aus schwerem hellen Leder und die volle Segeltuchschirmtasche, aus der blinkende Silbergriffe hervorlugten. Er rauchte, las dann wieder gelangweilt in einer polnischen Zeitung, lehnte sich zurück und versuchte zu dösen. Sobald der Zug sein Tempo verlangsamte, richtete er sich auf und zog seine Glacéhandschuhe an. Er trat auf den Gang, zog das Fenster herab, blieb dort, solange der Zug hielt, kam endlich wieder zurück, murmelte den Namen der Station [mehr] vor sich hin und streifte seine Handschuhe wieder ab. Wir beachteten ihn wenig. Im übrigen schien er unsere Gespräche nicht zu verstehen.

Adam und seine Frau verzehrten Äpfel und warfen die Schalen zum Fenster hinaus. Die Unterhaltung wollte zunächst gar nicht recht in Fluss kommen.

»Hast du denn überhaupt Geld bei dir?« fragte Adam ziemlich verächtlich und klappte sein Taschenmesser zu.

»Geld?... Ich?... Jaja, schon, aber nicht grad viel,« gab ich absichtlich bescheiden zurück: »Zweihundert Tschechenkronen und etwas über achtzehn Zloty..«

»Was?.. So wenig hast du?!.. Wie stellst du dir denn das eigentlich vor in Moskau?« fuhr mich Adam noch herabmindernder an.

»Ja, hm, tja«, tat ich betroffen: »Wir sind doch eingeladen! Da brauchen wir doch kein Geld!« Das wirkte aufreizend auf ihn.

»Ha! P-ha!.. Eingeladen! Eingeladen!!« ereiferte er sich noch mehr und wurde ganz überlegen. »Du glaubst wohl, du fährst da hinüber wie auf eine Bauernkirchweih bei Euch daheim, was?... Man sieht, dass du daher kommst, wo die Welt mit Brettern vernagelt ist! ...Hmhm, so ein Bauernstoffel!« [In mir gluckste es schon.]

»Wieviel habt Ihr denn Geld bei euch?« erkundigte ich mich in aller Unschuld. Adam stutzte kurz, er fing sich aber sofort wieder.

»Wir?... Hundert Tschechenkronen, und das haben wir uns in Prag noch zusammenpumpen müssen,« sagte er selbstbewusst und fuhr erklärend fort: »Aber bei mir ist's doch ganz was anderes! Alle meine Bücher sind doch ins Russische übersetzt! Ich krieg doch, wenn ich ankomm', einen Haufen Honorar, aber Du?« Von mir waren zwar auch Bücher übersetzt. Er wusste es nicht, und ich schwieg mich wohlweislich aus darüber. Ruhig liess ich ihn weiterreden.

»Ich hab' [auch] hingeschrieben,« erzählte er sichtlich gehoben: »Ich hab' verlangt, dass man mir Geld an die Grenze schickt, aber du hast doch drüben nichts zu erwarten! Dich kennt kein alter Hund in der Union!« [Hat schon geschnappt, dachte ich, jetzt kann man weiterkurbeln.] Ich schnitt die biederste Miene von der Welt, und wie ratlos, ganz eingeschüchtert sagte ich: »Ja, mein Gott, in Moskau werden sie doch wissen, dass sich ein emigrierter Schriftsteller so eine teure Reise und all die Kosten nicht leisten kann! Sie werden einen doch nicht holen und dann zahlen lassen... Einladen heißt doch freihalten!«

»Freihalten?!« prustete Adam heraus: »Das ist vielleicht bei Euch daheim so!..Hmhmhm, freihalten?!!« Ich schaute ihn mit einem treuherzigen Hundeblick an und sagte noch biederer: »Na, Adam, ich mein', wenn du soviel Geld da drüben hast, da kannst du mir vielleicht ein bißl aushelfen. Wir werden dann später schon irgendwie einig werden.« [Das wirkte auf die Gesichter der beiden gar nicht gut. Sie wurden geradezu eisig abweisend.] Adam sagte nicht »nein«, aber auch nicht »ja«, immerhin schien es ihm zu behagen, mich so in die Enge getrieben zu haben. Er beugte sich nur auf seine Frau zu und meinte: »Ha, da haben wir ja den richtigen bei uns! Das kann ja nett werden..«

»Nett?« stellte ich mich dumm: »Sicher wird's nett. Hauptsache ist, dass ich Euch getroffen hab'... Da bin ich sehr froh drüber. Aber ich hab' doch immer gehört, dass die Russen sehr splendid sind, sehr gastfrei!«

»Hm, besonders wenn du daherkommst!« warf mir Adam hämisch an den Kopf, und offenbar hatte er jetzt genug von dieser Unterhaltung. Er streckte seine Beine, gähnte und knurrte in anderem Ton: »Herrgott, dieses Gekarre! Die ganzen Knochen werden steif dabei.«

»Ganz blöd wird man davon!« sekundierte ihm seine Frau.

Sie musterte mich geschwind und ungut und rechnete: »So um acht Uhr sollen wir erst in Warschau sein!« Adam schüttelte mürrisch den Kopf und raunzte erneut: »Drei Tag dauert die Fahrt! Da kommen wir ja halbtot an!«

»Ja,« mischte ich mich in diese private Unterhaltung: »Ja, und dabei musst du bedenken: Wir sind noch nicht dort! Es kann noch allerhand passieren, bis wir ankommen..«

»Passieren?« forschte Adam argwöhnisch und bekam Stirnfalten: »Passieren? Wie meinst du denn das?«

»Naja, es ist jetzt überhaupt wieder so eine Zeit, wo in einem fort Eisenbahn-Unglücke passieren! Direkt auffällig ists!... Erst neulich, vor vier oder fünf Wochen – hast du's nicht gelesen?... Das Eisenbahnunglück?.. In Ungarn –«

»Sowas liest du in der Zeitung? Was anderes interessiert dich wohl nicht, was?« fiel mir Adam bissig ins Wort, aber ich überhörte es und redete unentwegt weiter: »Nein-nein!.. Lass' dir erzählen!... In Ungarn – oder war's in Deutschland?.. Also da hat's vierzehn Tote gegeben und eine Masse Verletzte. Ich sag' dir – einen Moment –« Ich sprang hurtig auf und schaute zum Fenster hinaus: »Einen Moment! Wo sitzen wir!« Ganz aufgeregt setzte ich mich wieder: »Hmhm, dumm, saudumm! Grad in einem mittleren Wagen. Das ist ganz arg. Da wenn was passiert, dann gute Nacht! Unseren Wagen hebt's wunderbar aus den Schienen und – schwupp – liegen wir in tausend Fetzen irgendwo <im Graben> [auf der Seite!.. Ich danke schön! Das hat noch gefehlt! Hmhm!.. Hoffen wir's nicht! Aber was will man machen?].. Ein saudummer Tod wär's ja schon, hm!.. [Man darf gar nicht drandenken]!« Ich wischte mir den Schweiß aus dem Gesicht und schloss: »Na, ich sag' mir eben immer: Alles steht in Gottes Hand!« Ich hielt inne und tat nachdenklich.

»Nette Unterhaltung!« murrte Adams Frau verärgert, aber ich wandte mich gleich wieder an Adam und fing eindringlich zu schildern an: »Herrgott, du, das muss eigentlich schauerlich sein!.. Da hab' ich vor ungefähr drei Jahren auf dem Ostbahnhof in München das grosse Eisenbahnunglück gesehen!.. Mensch, da hat sich mir direkt der Magen umgedreht! Also ich sag' dir, da sind manche Passagiere direkt zu Brei zerquetscht gewesen!... Und überall – warte, lass' mich doch erzählen! – Überall an den Waggontüren sind Hautfetzen und, ich sag' dir, wahrhaftig Körperteile, ganze Körperteile gehängt! Da ist ein Arm gelegen, dort ein Stück Bauch oder ein eingedrückter Kopf! Einfach grauenhaft, pfui Teufel!«

»Hör' auf! Hör auf, sag' ich!« wehrte Adams Frau angeekelt ab. Sie war blass vor Empörung. Doch ich war nicht mehr zu halten und redete und redete in einem fort auf Adam [hin]ein: »Nein-nein, halt! Dass ich nichts falsch erzähle – das war auch so ein internationaler Zug wie der unsrige, genau so ein Zug!« Das war zuviel für Adam. Zornrot und verbittert schnaubte er und sah mich drohend an: »Sag' mal, du hast dir wohl vorgenommen, uns die ganze Fahrt zu vermiesen, was?.. Dein Gequatsch interessiert mich absolut nicht, verstehst du? Absolut nicht!« [Vergeblich.]

»Aber! Aaber Adam, wo denkst du hin!« tat ich bestürzt: »Ich versteh' gar nicht, warum du dich so aufregst! Mensch, du bist doch immer so ein Realist in deinen Büchern!.. Mir wenn einer sowas erzählt, das geht mir nach! Das beunruhigt mich, verstehst du!« Entwaffnet sahen mich die beiden an. Widerstandslos schüttelte Adam den Kopf und brummte seiner Frau zu: »Und das sollen wir bis Moskau aushalten! Da sind wir alle drei irrsinnig, wenn wir ankommen!« Ich ließ ihn ruhig ausreden, überlegte kurz und schlug einen anderen Ton an: »Es ist ja wirklich was Widerwärtiges, so ein Eisenbahnunglück, aber davon abgesehen – wenn wir zum Beispiel die Sache einmal politisch anschauen, Adam –« ich dämpfte meine Stimme vertraulich und schielte auf den fremden Herrn, der in der Ecke schlief – »wenn wir's einmal so betrachten, gut sieht's da auch nicht aus.. Bis Warschau vielleicht passiert gar nichts, nicht das mindeste, aber denk' einmal genau nach, von Warschau *ab*? Verstehst du? Da weiss man doch schon, dass wir lauter Russlandreisende, lauter so verdächtige Rote sind.. Da – vielleicht kurz vor der russischen Grenze – lassen sie dann einfach unseren Zug zusammenrennen. Das arrangieren sie schon so geschickt, dass keiner was merkt! Ich trau der Sache nicht! Noch sind wir nicht auf russischem Boden, zuerst müssen wir noch durch dieses halbfaschistische Pilsudski-Polen, verstehst du? Weißt du, ob sie nicht so ein nettes Eisenbahnunglück aushecken gegen uns? Und wenn wir dann alle kaputt sind, dann natürlich schreiben ihre Zeitungen von den ›beklagenswerten Opfern‹ und so... Geh' mir bloß zu! Ich bin da [total] <sehr> misstrauisch, Adam..«

[Schade, meine beharrlichen Schilderungen hätten sicher noch die schönsten Wirkungen ausgelöst, jetzt aber] <Leider> näherten wir uns schon der polnischen Grenze. Der schlafende Herr war aufgewacht und nahm seinen Koffer herunter.

Auch Adam stieg auf die Bank und fing an, seine Packen und Ballen und Koffer – er hatte allem Anschein nach den ganzen Hausrat mitgenommen – revisionsbereit zu machen. Der Schweiß tropfte ihm von der Stirn. Verknurrt kommandierte er in seine Frau hinein, werkelte fluchend an einem Kofferschloss, das nicht aufgehen wollte, band Ballen auf und zuletzt konnte man sich im Coupé nicht mehr drehen und wenden: Kissen, Decken, Tücher, Hausrat, alles mögliche und unmögliche kam zum Vorschein. Mancher Koffer brach auseinander wie eine allzudicke Frau, die das zwängende Korsett abnimmt. Papiere, Briefschaften, Kleidungsstücke und Kochtiegel rutschten auf den Boden, und Adam und seine Frau hielten schützend die ausgebreiteten Hände darüber. Es rutschte und rutschte.

»Himmelkreuzdonnerstern! Zum Irrsinnigwerden!« wütete Adam: »Diese verfluchten Grenzen! Dieser kapitalistische Wahnsinn!«

»Die Grenzen sind da, damit man die Menschen auseinanderkennt,« sagte ich wie dozierend, um ihn noch mehr zu reizen, und setzte dazu: »Ich hab' bloß einen Koffer dabei. Ich warte lieber, bis Ihr fertig seid.« Adam warf mir nur noch einen mörderischen Blick zu. Er stand da wie ein Trödler in einem undefinierbaren Gerümpel, schwitzte [schnaufte] und wartete nervös. Der Herr nahm drei neue Spazierstöcke mit den schweren, geschmacklosen Silbergriffen aus dem Futteral und wandte sich an Frau Scharrer: »Pardon, gnädige Frau! Verährung, Häärschaften! Habe gekauft dies Stocken in Karlsbad, Cechoslowacia.. Häärschaften fahren weiter, bleiben ich in Polska.. Biddä scheen, Pardon, wollen gnädige Frau nähmen meine Stocken bis über Gränze, bloss über Gränze..« Freundlich bittend hielt er die Stökke hin. Ganz perplex sah ihn die kleine Frau an, während Adam mir bissig zuflüsterte: »Hm, Mensch, deutsch versteht er! Der hat dein ganzes Gequatsch gehört, du Idiot.« »Biiddä!« sagte der Herr noch einmal, aber Frau Scharrer schaute nur auf uns und sagte halblaut: »Wie komm' ich denn dazu! Ich kenn' ihn doch gar nicht!« Sekundenlang sah es recht peinlich aus.

»Bitte, geben Sie her,« rief ich und nahm die drei Stöcke. Der Herr dankte überaus höflich, während ich sie unter meinem Mantel versteckte. In diesem Augenblick blitzte in Adams Miene etwas wie Schadenfreude auf. Sicher weidete er sich schon jetzt daran, in welche Verlegenheit ich kommen musste, wenn der Zollbeamte die Stöcke entdecken würde. Die Revision in den nebenanliegenden Coupés hatte schon begonnen. Zwei uniformierte tschechoslowakische Beamte visitierten unsere Pässe, betasteten kurz und sehr oberflächlich Adams Sachen, fuhren flüchtig in den Koffer des Herrn und – gingen. Jäh staunte Adam, leise Wut überkam ihn. Jetzt aber tauchten die polnischen Beamten in unserem Türrahmen auf. Wiederum hielten wir unsere Pässe hin. Der meine war längst nicht mehr gültig, stammte noch aus München vom Jahre 1930, und jetzt war ich von der Hitlerregierung ausgebürgert. Adam und seine Frau hatten ein Tschechisches Interims-Certifikat.

»Moskwa?« fragte der eine polnische Beamte und fand nichts zu beanstanden an unseren Papieren.

»Moskwa,« antworteten wir drei zugleich. Der andere Beamte sah mit flüchtigem Blick auf die aufgetürmten Sachen im Coupé, griff nur hastig in den Koffer des Herrn, sagte »Dobsche« und war fertig. Mich hatte man beide Male übersehen. Wahrscheinlich vermuteten die Beamten mein Gepäck unter Adams Gerümpel. Ich schmunzelte verschwiegen.

»Fertig? Alles vorbei?.. Alles?« fragte Adam den Herrn fassungslos.

»Jajajaja,« nickte der, nahm seine Spazierstöcke wieder und schloss seinen Koffer. Freundlich bedankte er sich bei mir.

»Wirklich – alles vorbei? Es kommt nichts mehr?« fragte ihn Adam noch einmal.

»Jajajaja,« nickte der Herr: »Alles perfekt.« Augenblicke lang starrte Adam wie auf den Kopf geschlagen. Seine Lippen zuckten.

»Häärschaften fahren doch transit durch Polska, ja?« meinte der Herr, indem er sich fertigmachte: »Da ist Rävision säähr kurz.« Sich verabschiedend trat er auf den Gang. [Gift und Galle kochten in Adam. Wie vernichtet schaute er auf den wirren Haufen seiner Sachen.]

»Himmelkreuz und Donnerstern!« fluchte [er] <Adam> wutschlotternd und machte sich wieder ans Zusammenpakken: »Und deswegen pack' ich alles aus! Alles Schikane! Reine Schikane! Das ist typisch polnisch! Ein niederträchtiges, hinterlistiges Volk, das! Wie ihr Pilsudski! Genau so!.. Wo sie dich schikanieren können, tun sie es!. Unverschämtheit so was! Richtet man alles [hin] <her>, und so ein Bürscherl schaut kaum hin, Himmelkreuzdonnerstern!« Er stemmte beide Knie auf einen Koffer, seine Zähne knirschten, er schlug und drückte und endlich schnappte das Schloss ein. Grimmig warf er das letzte Stück ins Netz über unseren Köpfen. Er verschnaufte und fing an, die Bank abzutasten. Er hob die vielen Zeitungen, griff ins Gepäcknetz, sprang wieder herunter.

»Was suchst du denn schon wieder?« fragten seine Frau und ich. Er starrte und stieß verbittert heraus: »Wo ist meine Mütze? Meine Mütze ist weg!« Abermals fing er zu suchen an, heftig, wie eine Wühlmaus kramte er herum. »Weg! Weg!! Geklaut!« stieß er, endlich einhaltend, heraus: »Geklaut! Diese Polen! Alles Halunken!... Höflich, verstehst du, scheißhöflich, aber verstohlen und korrumpiert bis auf die Knochen! Ganz genau so wie dieser verkrüppelte Pilsudski!... Hast du einmal ein Bild von ihm gesehen? Ganz verzogen sieht er aus.. Wahrscheinlich gichtisch.. Gicht kommt von Geschlechtskrankheiten.. So ist ganz Polen.. Da, da schau 'naus, schau das Land an! Das ist genau so verwahrlost und verkrüppelt.« Ich schaute durchs Fenster. Ein warmer Vorabend hing über den <Feldern> [Flächen], saftige Wiesen, gutbestellte Äcker wechselten sich ab, fern wellten sich freundliche Waldhügel, winzige Dörfer, stille Weiler tauchten auf, ein friedlich beglänzter Weiher lag spiegelglatt da, einige Pferde grasten auf der Weide.

»Genau wie bei uns,« sagte ich, doch Adam überhörte es und zeterte weiter: »Ich war im Krieg in der Gegend. Mir macht keiner was vor, ich kenn' das! Ein mistiges, total verschlamptes Land, und jeder Mensch klaut.. Mensch, da heißt's die Taschen zuhalten! Lauter Räuber und Diebe!« Sonderbarerweise durchgriff er plötzlich all seine Taschen, als sei er schon wieder bestohlen worden. Es schien, als traue er sogar der Luft nicht mehr. Endlich schüttelte er wieder den Kopf und brummte resigniert: »Hat der Mensch Worte! Meine Mütze ist weg!...

Zwanzig Kronen hat sie mich in Prag gekostet!.. Diese Strolche!... Ich bin bloss froh, wenn wir aus dem Land draussen sind.«

Damals gab es in den polnischen I. und II. Klassewagen eine nette Einrichtung: Kopfhörer für Radioempfang konnte man mieten. Sie wurden feilgeboten von sehr hübschen, sehr geschminkten, aufdringlich duftenden, höchst elegant gekleideten jungen Damen, die viele Sprachen redeten und imstande waren, dir ein Loch in den Bauch zu reden. [Das fand ich eine angenehme Abwechslung.] Unsere Türe wurde aufgeschoben. [Ich bekam Stielaugen.] Es fing wie in einem tropischen Blumengarten zu riechen an. Ein Schwall fischgeschwinder, ineinanderquirlender polnischer, französischer, deutscher Worte ergoss sich über uns. Ich lächelte einnehmend, ich schaute das hübsche <Wesen> [Mädchen] mit dem reizvoll-erfahrenen Gesicht sehr einladend an. Aber was hatte denn Adam auf einmal, was denn? Er betastete wie ein Veitstanzkranker fortwährend seine Rock- und Hosentaschen, schaute stockfinster drein und schrie jäh aus sich heraus: »Nein! Wir – wir – Gehen Sie, gehen Sie auf der Stelle! Auf der Stelle!« Das Fräulein stockte erstaunt, lächelte leicht und – war schon draussen.

»Alles neppt, stiehlt und raubt hier!« schloss Adam berserkerisch und beruhigte sich erst allmählich. Ich <blickte> [stand auf und lachte ungesehen] zum Fenster hinaus, <damit er mein lachendes Gesicht nicht sah>.

»Einen Durst hab' ich von dem Staub, die ganze Gurgel ist mir trocken!« hörte ich Adam sagen und drehte mich wieder um. Er fingerte Geld aus seinen Taschen, zählte es, überlegte und beschloss, mit seiner Frau in den Speisewagen zu gehen. Als sie draussen waren, holte ich mein Buch vom Gepäcknetz herunter, und – da lag, zwischen die Koffer und Packen geklemmt, Adams Mütze. Ich zog sie heraus, nahm einen Stoß des herumliegenden Zeitungspapiers, legte die Mütze auf Adams Sitzplatz und deckte sie mit den Blättern zu.

Natürlich kamen die zwei nach einiger Zeit schimpfend und polternd zurück. Erstens fanden sie die Preise wucherisch hoch, zweitens behaupteten sie, der Kellner habe sie beim Umwechseln der Tschechenkronen übervorteilt. Wiederum zählte Adam sein Geld. Er rückte ein paar Mal hin und her. Er saß irgendwie unbequem, fuhr nach hinten, wurde plötzlich stumm, glotzte kurz und – hatte seine Mütze in der Hand.

»Hm,« machte er: »Jetzt weiss ich nicht mehr, bin ich blödsinnig oder was sonst.« Durch das Draufsitzen war die Mütze ein bißchen zerknüllt, er zog sie zurecht und keifte auf seine Frau los: »Ich versteh' nicht, dass du das nicht gesehen hast!.. So ein Saustall! Vor lauter Zeitungsfetzen kennt sich kein Mensch mehr aus! Dass du Ordnung machst, fällt dir überhaupt nie ein, was? Dahocken oder schlafen, das ist alles, was du kannst!«

Sie begannen zu zanken und keiner blieb dem andern was schuldig, aber wenigstens wurden sie nicht allzulaut dabei. Immerhin, ich ging in den Speisewagen. Als ich zurückkam, rühmte ich das Bier und den Wodka, vergaß aber doch nicht zu sagen: »Jaja, verflucht teuer ist's allerdings, da hast du recht, Adam!.. Wie wird das erst in Warschau sein!« Sogleich aber schlug ich einen heiteren Ton an und meinte: »Aber wir fahren ja nach Moskau!«

»An Warschau mag ich vorläufig noch gar nicht denken,« sagte Adam und fixierte mich: »Aber wenn du vielleicht meinst, in Moskau kriegst du Alkohol, da irrst du dich!«

Ich hielt seinen Blick ruhig aus und beteuerte mit der unverschämtesten Unbefangenheit: »Aber, hm, keinen Alkohol? Geh', das kann doch nicht möglich sein!... Auf uns Gäste wird man sicher Rücksicht nehmen, verlass' dich drauf.«

»T-ha! Gäste!« höhnte Adam: »Warten wir ab.. Dein Gastsein wird dir dort schon vergehn, du Idiot!« Er und seine Frau verdeckten das Gesicht mit ihren Mänteln und versuchten zu schlafen. Bald schnarchten sie beide. Der Kellner lief die Gänge entlang und rief zum ersten Abendessen im Speisewagen. Sie rührten sich nicht. Langsam wurde es still in unserem Coupé. Draußen fiel die Nacht nieder und vermummte nach und nach die Gegend. Ab und zu stand in der Dunkelheit ein gelbes, einsames Licht und zog als langer, dünner Strich eine Weile mit dem Zuge mit. Ein kühlerer Wind wehte zum offenen Fenster herein. Mir wurde ungemein wohlig zumute. Langsam fing es in meinem Kopf zu prickeln an und glücklich resümierte ich: Großartig ist das – du sitzt behaglich im Polster und schaukelst von einem Land in das andere! In einer Stunde sind wir in Warschau! Soweit ist das weg von meinem Heimatdorf! – Ach was, Heimat!? Wunderbare Emigration, wie du die Menschen auflockerst und weltbereist machst! Meine Mutter daheim, die kam in ihren ganzen vierundsiebzig Jahren vielleicht zehnmal von Berg nach München – eine knappe Stunde Bahnfahrt, und das war schon immer ein Ereignis für sie!

Immer wacher wurde ich. Ich dachte zurück an die Zeit, wo ich als Dorfbub daheim auf dem Stubenboden lag und ausgedachte Landkarten zeichnete. Einen Erdteil, Meer dazwischen, wieder einen Erdteil. Die Phantasie arbeitete ungehemmt und glücklich. Ein Bleistiftstrich, und ich war über dem Meer, im verstecktesten Winkel des anderen Erdteiles, ich zog Eisenbahnlinien dort und baute Städte auf. Hirn und Bleistift kannten keine Hindernisse.

Und jetzt?

War es nicht fast genau so...?

Zuletzt sind wir in Moskau!

Moskau! Russland!

Iwan der Schreckliche, Peter der Grosse, der schwedische Karl der XII., Katharina, Potemkin, Strealitzen und Dekabristen, Napoleon und Alexander, Pope Gapon und Nikolaus der Letzte! Alle Romantik vergangener Epochen stieg herauf. Die Lieblingsdichter meiner Jugend fielen mir ein: Gogol, Lermontoff, Ostrowski, Dostojewski und Turgenjew, Tolstoi und Leskow, Tschechow und Gorki!

Gorki? Er lebte noch. Er hatte mich mit seinen Büchern durchs ganze Leben begleitet. Er wird auf dem Kongress sein. Ich werde ihn sehen, vielleicht mit ihm reden, und er kann mir vielleicht von Tolstoi erzählen, den er so scharf erkannt und unvergleichlich geschildert hat, von diesem Genie, das mich am meisten beschäftigt und beunruhigt!

Eine träumerische Welle umfing mich. Minutenlanges Glück.

Bilder schwammen durcheinander.

Russland! Sowjetrussland! Lenin, finnischer Bahnhof, Winterpalast, Straßenkämpfe, Oktoberrevolution..!!

Auf einmal sagte ich es wie abwesend, ganz laut: »Lenin! Oktoberrevolution!« Adam röchelte, schnappte und steckte den Kopf aus dem Mantel: »Was? Was ist's? Explosion?!« Weit riss er die Augen auf. Seine Frau erwachte und glotzte ebenso.

»Mensch! Adam! Ins Land der Oktoberrevolution fahren

wir!« schrie ich selig lachend: »Verstehst du das? Begreifst du das?... Ah wo! Schlaf nur weiter, schlaft nur zu!« Er hielt mich sicher für nicht mehr ganz zurechnungsfähig. Er schüttelte nur kurz den Kopf und brummte: »Quatschkopf!« Dann wickelten sie sich wieder in ihre Mäntel. Ich stand auf, streckte meinen Kopf weit zum offenen Fenster hinaus. Mein Haar wirbelte im Nachtwind. Mein Herz war übervoll..

Fern am Horizont tauchten schon die Lichter von Warschau auf. – – –

3.) Hindernisse.

Nicht zu vergessen, man schrieb 1934! Warschau war damals noch die herrliche, wunderbare, ja, phantastisch schöne Stadt, als die sie in der Welt bekannt war. Ich habe sie leider nicht gesehen, weil ich auf der Hin- und Rückreise nur im Hotel über Nacht geblieben bin und eine fremde Stadt nie sonderlich anschaue, höchstenfalls ein Kaffeehaus oder ein Lokal besuche, aber, wie gesagt, von Warschau wusste ich, dass es grossartig war. Deswegen habe ich mir dort eine Ansichtskarte gekauft, mit einer polnischen Aufschrift, die ich nicht lesen konnte, eine breite Strasse und ein pompöser Palast war drauf zu sehen. Warschau, also Warschau werde ich nie vergessen!

Adam und seine Frau waren aufgewacht und machten sich fertig. Der Zug hielt. Hell, laut und menschenüberfüllt war der Bahnhof.

»Jetzt Vorsicht! Vorsicht!« rief Adam und stiess seine Frau unsanft: »Pass' auf deine Handtasche auf!« Schon flitzten die Kofferträger in unser Coupé, fragten wohin und machten sich an unser Gepäck.

»Polonia! Hotel Polonia!« sagten wir gleicherzeit.

»Polonia?..Dobsche,« murmelte einer der Träger und zählte hurtig: »Sechs Stuck – sechs Zloty!«

Das war wirklich viel.

»Wa-was! Sind Sie denn wahnsinnig!.. Wucher! Wucher!!« prustete Adam verstört. Die Träger <blieben> [zögerten] unberührt, und diese Ruhe brachte Adam erst recht auf. Er schimpfte und bellte wie besessen. Alle vorüberkommenden Reisenden musterten uns befremdet. [Es war etwas prekär!]

»Was wollen wir schon machen!« raunte ich endlich und wandte mich resolut an die Träger: »Gut! Hotel Polonia!« Adam ergab sich knurrend. Wir trotteten hinter den Schleppenden her. Adam liess sie nicht aus den Augen. »Die fingern dir, eins, zwei, drei was aus deinem Gepäck, die Strolche!« warnte er uns und mahnte seine Frau erneut: »Pass' auf, sag' ich! Pass' auf! Ich kann mich doch nicht um alles kümmern!« Wir kamen an die Perronsperre und zeigten unsere Fahrkarten. Die Träger hatten ihre Lasten auf die Erde fallen lassen und hoben die flache Hand hin: »Sechs Zloty!« Wir verstanden nicht gleich, [»Später! im Hotel« sagte ich] doch sie schüttelten beharrlich den Kopf und verlangten ihre sechs Zloty. Adam verfärbte sich vor Wut. Da aber stellte sich heraus, dass die Träger den Bahnhof überhaupt nicht verlassen durften, dass ihre anderen Kollegen außerhalb der Perronsperre unsere Koffer und Packen übernehmen mussten, um sie ins Hotel zu schaffen. Sie verlangten abermals sechs Zloty! Ratlos sahen wir uns an. »Ganz glatter, offener Raub!« zischte Adam durch die Zähne, doch was war zu tun, wir mussten uns fügen. Das Hotel lag nur eine Strassenbreite entfernt, wie wir später sahen. Immerhin, dieser Kummer war endlich überstanden, und nach hartnäckigem Feilschen hatten wir auch einige billigere Zimmer erhandelt. Ganz erschöpft sagte Adam im Lift, als wir aufwärts fuhren: »Ich hab's vorausgesehen!.. Bei diesem Nepp schwitzen wir Blut. Die pressen uns den letzten Groschen ab..«

Später trafen wir uns in der Hotelhalle und gingen auf die bewegte, hell erleuchtete Strasse.

»Jetzt irgendwo einen guten Schluck Bier!« sagte ich. Adam und seine Frau hatten nichts dagegen einzuwenden. Kaum aber waren wir wurfweit vom Hotel entfernt, da umschwirrten uns die flinksten, aufdringlichsten Zeitungsverkäufer, die ich je erlebte, geradezu in Rudeln. Von vorne, von beiden Seiten, von hinten über die Schultern bedrängten sie uns, plapperten unentwegt und hielten uns ihre Zeitungen, Zeitschriften und erotischen Magazine flatternd unter die Nase. Die einzig mögliche Gegenwehr war, unbeteiligt weiterzugehn. Adam dagegen blieb jedes Mal mannhaft stehen, schaute beleidigt und drohend auf die Burschen und fing giftig zu schimpfen an. Nach jedem Schritt stand und stand er, hob den Kopf, fuchtelte mit den Armen,

Adam Scharrer (13.7.1889–2.3.1948).
Er starb an einem Herzanfall, eine Stunde nach einem Schweriner Kulturabend, bei dem er in heftigem Wortwechsel den Literaturbegriff Ehm Welks kritisiert hatte.

warf martialische Blicke wie ein deutscher Unteroffizier und belferte. Unmöglich, ihn davon abzubringen. Er kochte vor Empörung, wurde immer grimmiger.

»Mensch, so lass' sie doch! Sie verstehn dich ja doch nicht!.. Kümmere dich doch nicht um sie! Komm doch!« rief ich stets und konnte ihn endlich in ein Bierlokal ziehen. Er war noch völlig aus dem Geleise vor Ärger: Rasch bestellte ich Bier und trank ihm zu. Wieder tröstete ich ihn mit Moskau. Er beruhigte sich halbwegs.

»Wir müssen ein paar Karten schreiben,« sagte seine Frau. Auch ich wollte etliche verschicken. Der Postkartenverkäufer kam. Kulant bediente er uns und verschwand. Adam schob die Karte auf der Tischplatte vor sich hin und griff nach seiner äusseren Rocktasche –, da, was war denn das? Er stiess einen kurzen, unartikulierten Laut heraus, seine tastende Hand erstarrte, seine Augen wurden glasig, er sank zurück und sein Mund brach auf, immer noch drückte seine reglose Hand auf die Herzgegend.

»Was ist denn? Was hast du denn? Ist dir nicht gut?« fragten seine Frau und ich erschrocken. Herzschlag, dachte ich eine Sekunde lang und wurde bestürzt. Und wie das bei mir schon ist, in aller Schnelligkeit überschlug ich all die Umständlichkeiten – einen fremden Arzt, Polizeimeldung, Telegramme, Laufereien aller Art und Begräbnis. Gottseidank, jetzt bewegten sich Adams Augen wieder. Ich atmete auf.

»Hast du Worte!« sagte er ganz heiser und kam nur langsam zu sich: »Hast du Worte?!.. Mein Füllfederhalter ist weg! Geklaut! Einfach von so einem Strolch auf der Strasse rausgezogen! Weg! Geklaut!« Abermals durchsuchte er seine Taschen. Die letzte Hoffnung verwich. Nichts fand sich.

»Diese Banditen! Diese Strauchdiebe!« knirschte Adam und hob die Faust: »Dieses niederträchtige Gesindel!« Mir wurde frei zumute, wir waren wieder beim Gewohnten. [Mit aller Gewalt verbiss ich das Lachen.]

»Das kommt davon, weil du immer stehen geblieben bist!« sagte Adams Frau. »Halt' bloss *du* das Maul!« fuhr er sie an. Er brannte förmlich. Fassungslos fingerte er noch immer in seinen Taschen. Das Bier schmeckte ihm nicht mehr. Er schob das Glas weg.

»Weg!« lamentierte er: »Stell dir vor, drei Romane hab' ich mit dem Halter geschrieben, drei Romane! Ich war einfach verwachsen mit dem Ding! Ich kann faktisch nicht mehr arbeiten, ich kann nicht mehr schreiben, ich bin erledigt.. Glatt aufgeben kann ich alles.. Es geht einfach nicht mehr!« Er rang nach Luft, mechanisch hielt er den fremden Federhalter aus dem Tintenzeug, das uns der Kellner gebracht hatte, und wollte etwas auf die Postkarte kritzeln. Es gab einen grossen Klecks. Wütend knurrte er: »Da hast du's schon! Himmelkreuzdonnerstern!« Er warf den Federhalter hin und zischte seine Frau an: »Schmier' du weiter!« Und wieder verfiel er ins Jammern: »So einen Halter krieg ich nie wieder, nie!.. Den Frauenroman, den ich dabei hab', muss ich einfach liegen lassen.. Ich kann nicht mehr weiterschreiben, es geht nicht, es geht einfach nicht! Ausgeschlossen! Ruiniert bin ich, erledigt!.. So eine Banditenbagage!« Ein bißchen zweifelte ich an seinem Verstand. Aber es ist ganz harmlos, dachte ich, ganz harmlos und unterhaltlich. Laut sagte ich: »Ah, Adam, so was musst Du dir nicht so in den Kopf setzen!.. Ausserdem bin ich überzeugt, der Unionskongress stiftet dir sicher einen fabelhaften Füllfederhalter, wenn du dein Pech meldest.. Ganz bestimmt!.. Nur immer gleich alles melden, Adam! Du wirst sehn, das ist das beste!« Er fuhr sich mit den ausgespreizten Fingern durch das hochstehende graue Haar und schüttelte fortwährend den Kopf. Wir zahlten und gingen. Vorsichtshalber nahmen wir ihn auf der Strasse in unsere Mitte, denn er sah in jedem Zeitungsverkäufer, der uns in den Weg lief, den Dieb und wollte ihm am liebsten an die Gurgel springen. Blass, verstört und abgekämpft sah er aus, als wir uns im Hotel trennten.

Andern Tags, nach dem Frühstück, kam ein Gepäckträger auf mein Zimmer. Ich fand das ausgezeichnet. Polen erschien mir als ein durchaus zivilisiertes, sehr ordentliches Land und sofort rief ich Adam in seinem Zimmer an.

»Was? Bei dir ist er?« hörte ich schon wieder seine liebe raunzerische Stimme: »Warum ist noch keiner bei uns? Diese Bande!« Er hing noch einiges daran, doch als ich mahnte, sie möchten sich beeilen, keifte er nur noch: »Wir sind doch noch gar nicht fertig! Geh schon voraus! Wir kommen nach!«

Der Zug war noch nicht eingelaufen, als ich auf dem sonnigen

Perron mit meinem Träger ankam. Ich zahlte, der Träger ging, mein Geld war so ziemlich ausgegeben, aber das scherte mich wenig. »Moskau!.. Eingeladen,« brümmelte ich behaglich und ging auf und ab. Ich wartete und wartete. Der Zug lief endlich ein und war zum Bersten voll. Vergeblich schaute ich nach meinen Freunden aus, sie kamen und kamen nicht. Leute drängten sich in den Zug, ich wartete nicht mehr länger und tat dasselbe. Im vollen Gang zog ich ein Fenster herunter und lehnte mich hinaus. Endlich, endlich entdeckte ich Adam und seine Frau im Gewühl. Er belferte auf zwei Träger ein, fuchtelte mit den Armen und alles an ihm flatterte: Sein Kopf, sein Mantel, seine Beine. Sie sahen mich winken und drückten sich zu Viert in einen Waggon. Durch das Gewirr der Menschen hörte ich Adams blecherne Stimme: »Was? Unverschämt! Da, da! Mehr hab' ich nicht! Hau ab, Mensch! Fort! Weg! Hau ab!« Leute reckten die Hälse. »Hau ab! Abhauen, sag' ich!!« bellte es noch ärger. Ich sah die Träger auf das Perron herunterhüpfen. Langsam schob ich mich weiter und stiess zu [auf] den [die] Scharrers. Das ganze Gepäck türmte sich neben ihnen.

»Wir sind restlos pleite! So eine Blutsaugerbande!« rief mir Adam entgegen: »Und dabei haben wir noch gar nicht gefrühstückt!«

»Hm,« machte ich wie bedauernd und setzte dazu: »Und stell' dir vor, jetzt können wir womöglich bis Moskau stehen!.. Na, ich sitz' ja auf meinem Koffer ganz gut!« Adam sah in die sich vorüberdrängenden Menschen, ergab sich offenbar in sein Schicksal und drehte sich auch dem offenen Fenster zu.

»Bis Moskau stehn?.. Echt polnisch! Und dafür zahlt man zweiter Klasse! Unverschämt! Hundsgemein!« raunzte er.

»Na, bezahlt haben ja *wir* nicht,« meinte ich.

»Aber Moskau! Wir haben ein Recht drauf!« keifte er.

»Alles melden! Alles melden, Adam! Das ist das beste!« stichelte [fachte] ich [ihn an], während er von seinen Auseinandersetzungen im Hotel und von den unverschämten Trägern erzählte. Ich merkte allmählich, dass es hinter unseren Rücken freier wurde und drehte mich um. Der Gang war leer, das gegenüberliegende Coupé ebenso. Die Leute, die so gedrängt hatten, waren nur ausgestiegen.

»Na, also, kommt rein! Wir haben ja wieder unsere wunderbaren Plätze!« rief ich behaglich: »Jetzt kann nichts mehr fehlen! Und morgen sind wir in Moskau!«

»Und mir kracht der Magen!« nörgelte Adam, als wir die Sachen verstauten: »Ich bin nicht zu brauchen, wenn ich in der Früh nicht was Warmes in den Bauch krieg'..« Er fingerte aus seiner Westentasche einige Scheine und Kleingeld und zählte: »Vier Zloty sechzig ... Das ist alles!« Ich entdeckte auf dem Perron einen Kellner mit einem dampfenden Tablett Kaffee und sagte es Adam.

Der winkte, und der Kellner kam in unser Coupé.

»Zwei Kaffee und zwei Kuchen! Was macht das?« fragte Adam.

»Drei Zloty!« war die Antwort. »Thm!« war alles, was Adam noch herausbrachte, er zahlte und griff nach dem Kaffee. Der war in Gläsern, Adam umfasste eines gierig und – patsch! – liess er es fallen. Seine Finger brannten, und da auf dem schmutzigen Coupéboden lag alles: Die heisse Brühe und die Scherben.

»Glas, ein Zloty!« sagte der Kellner ungerührt [unerschrokken]. Adam sprang vor Wut in die Höhe, warf die Arme, schäumte und verwehrte seiner Frau energisch, den anderen Becher Kaffee zu nehmen. »Wir verzichten!« schrie er den Kellner an und schob sie derb weg: »Hau ab. Du Gauner! Fort mit Dir! Fort, sag ich!« Der Kellner zuckte nur [unberührt] die Achseln und ging davon.

»Mensch, das ist der langsame Tod! Der langsame Tod!« stöhnte Adam und liess sich ins Polster fallen: »Wenn wir in Moskau sind, bin ich erledigt!«

Ich machte die beste Tröstermiene und sagte ein wenig [etwas] pastoral: »Man muss sich in Geduld fassen, Adam! Alles mit der Ruhe!«

»Und dass wir dich noch dabei haben, ist besonders nett!« fuhr er mich an: »Dass du kein Pfarrer geworden bist, wundert mich wirklich!«

»Pfarrer?« gab [fiel] ich abgebrüht <zurück> [dickfellig ein]: »Mein Lieber; als Pfarrer, da hätt' ich's heut viel schöner! Da wär' ich versorgt.. Religion ist doch immer schon das schönste und leichteste Geschäft gewesen.« Ich merkte, dass er gewaltsam nicht mehr zuhören wollte und änderte meinen Ton, indem ich leicht mitleidig sagte: »Hm, mit dem Kaffee, da habt Ihr ja wieder so ein Pech gehabt.. Hm, scheusslich, wirklich scheusslich!« Ich fand Adams Augen und wechselte erneut in eine andere Tonart.

»Sag' mal, Adam,« <fuhr> [fing] ich [im] vertraulich [sten Stil] <fort> [an], »sag mal, wenn du so ganz allein bist.. Ich mein' zum Beispiel, wenn du ganz allein ein Zimmer hätt'st und kein Mensch tät' dich ärgern, sag' aufrichtig, da wär dir doch auch nicht wohl, oder?.. Ich glaub, wenn du so allein bist, dann schimpfst du sicher sogar noch deine Möbel zusammen, was?« Adam sah mich scharf an, ich tat ganz <harmlos> [verständnislos]. Er beugte sich vor, ganz nahe an mein Gesicht und zischte: »Du bist doch der allerniederträchtigste Bandit, den ich kenn'!.. Du freust dich wohl noch über unser Pech [auch], was?«

»Aber! Aber [Adam] wieso denn!« beteuerte ich unschuldig: »Nein-nein, du verstehst mich nicht, scheint's!.. Ich glaub ganz sicher, dass du krank bist.. Sicher, du hast was mit der Niere oder mit der Leber, vielleicht auch mit der Galle, sicher!... Hast du dich schon einmal genau untersuchen lassen?.. Ganz im Ernst, Adam, so grantige Leute wie Du, die müssen irgendein Leiden haben... Dein Herz, glaub' ich, ist ganz gesund... Herzleidende vertragen die vielen Aufregungen ja gar nicht, aber mir schwant so was – ich glaub, du hast ein Magengeschwür, vielleicht ist's sogar ein Krebs... Du musst da unbedingt zu einem guten Doktor! Und in Moskau, Mensch, da kostet so eine Untersuchung doch nichts!«

Trotz der Treuherzigkeit, mit der ich all das gesagt hatte, wurde Adam aufs äusserste gereizt. Es schien, als wolle er mich anspringen, aber da ging die Coupétüre auf und wieder tauchte ein hübsches polnisches Mädchen mit Kopfhörern auf. Allereinnehmendst flötete sie und erschrak nicht wenig, als Adam ruckhaft aufsprang, sie anschrie und die Türe krachend zuschob. Als er sich wieder setzte, maß er mich mörderisch und zischte drohend: »Und du?.. Dir rat' ich jetzt eins! Du, quatsch' mit wem du willst! Mich lass' aus dem Spiel, rat' ich dir!« Er lehnte sich zurück und wickelte sich, zum Zeichen, dass er's ernst meinte, rasch in seinen Mantel. Nichts sah ich mehr, als seine gebogenen Beine mit den derben Schuhen. Seine Frau sah mich kurz an und deutete mit ihrem Finger auf die Stirn. Ich verstand und nickte.

»Ich will einmal ein bißl herumgehen,« sagte ich und verliess das Coupé. In verschiedenen Waggons traf ich tschechische, holländische, französische und amerikanische Schriftsteller, die alle zum Unionskongress eingeladen worden waren. In der dritten Wagenklasse stiess ich unverhofft auf sechs Frauen österreichischer Schutzbündler, die zu ihren Männern nach Moskau und Leningrad fuhren, und da ich einige davon kannte, blieb ich bis zur polnischen Grenzstation Stolpze bei ihnen. Wieder gab es Revision unserer Pässe und Koffer, dann aber ereignete sich ein arger Zwischenfall. Der Packwagen, in welchem die vielen Kisten und Koffer der Schutzbündlerfrauen lagen, für die bereits in Wien Fracht und Zoll bezahlt worden war, wurde von polnischen Beamten geöffnet. Alles Gepäck wurde ins Stationsgebäude gefahren und sollte dort liegen bleiben. Warum? Den schimpfenden und weinenden Frauen wurde bedeutet, dass die Frachtkosten von Stolpze bis zur russischen Grenze noch zu entrichten seien. Mit den klagenden Frauen begaben wir uns ins Stationsgebäude und protestierten energisch. Es half nichts. Erst nachdem die Frauen ihre letzten zweihundertfünfzig Schillinge hingaben, konnten sie ihr Gepäck wieder bekommen. Gemeinsam brachten wir die Kisten, Ballen und Koffer wieder in den Frachtwagen zurück.

Adam schien merkwürdigerweise über diesen Vorfall sehr zufrieden zu sein.

»Siehst du, du Trottel,« belehrte er mich rechthaberisch: »Hab ich nicht recht gehabt? Die Polen ziehn jedem die Haut ab, bevor sie einen loslassen! Wir können von Glück sagen, dass wir bald aus diesem Banditenland 'raus sind!«

Jemand lief von Coupé zu Coupé und meldete wichtig: »Die Uhren um zwei Stunden zurückstellen! Sowjetzeit!« Alle traten gespannt an die herabgelassenen Fenster. Drahtverhaue [kamen]. Der letzte polnische Grenzwächter tauchte auf, dann kam das bekannte, riesige hölzerne Tor mit der Aufschrift »Gruss den Arbeitern des Westens« auf der einen und »Proletarier aller Länder vereinigt Euch!« auf der anderen Seite.

»Die Grenze ist überschritten,« sagte einer. Wir waren also auf Sowjetboden. ›Grenze‹ dachte ich, ›hm, Grenze? Ist doch Land herüben wie drüben!‹ Ein kleiner hölzerner Turm ragte empor. Herunten und oben standen einige Rotgardisten. Begeistert streckten alle die erhobene Faust zum Fenster hinaus und grüssten laut schreiend: »Rot Front! Rot Front!« Aller Augen hingen an den Rotgardisten. Die aber – ich musste heimlich lächeln und fand das ganz richtig – beachteten unsere Sympathiekundgebung nicht im mindesten. Unbeteiligt standen sie da. Das enttäuschte viele Mitreisende.

»Komisch! Die sind aber unfreundlich,« sagte Frau Scharrer, doch Adam fuhr sie sofort an: »Dumme Gans! Die verstehn uns eben nicht!«

»Verstehen? Verstehen werden sie uns schon,« meinte ich, »aber ich an ihrer Stelle tät' mich sicher genau so verhalten... Für wen sollen sie sich denn da begeistern? *Wir* fahren zum Vergnügen hinüber und *sie* haben die Arbeit..«

Sonderbarerweise antwortete Adam nicht mehr. Er sah wie neubelebt in die Gegend. Mir ging immer wieder durch den Kopf: ›Hm, Grenze? Grenze? Sonderbar! Hat nicht Rousseau einmal gesagt, der Mensch, der zum ersten Mal einen Zaun um sein Grundstück gezogen hat, sei der grösste Verbrecher gewesen? Und wie hiess es bei Tolstoi? »Wenn die Menschen es doch begreifen würden, dass sie nicht die Kinder irgendwelcher Vaterländer, sondern die Kinder Gottes sind...!« Hm, und auf einmal denkt man sich da einen Strich aus – hier ist Polen, dort Russland!!‹

Meine Mitreisenden dagegen schienen rein aus dem Häuschen geraten zu sein. Die Gegend fanden sie anders, die Menschen, ja sogar – wie einer allen Ernstes meinte – »die Luft riecht ganz anders im sozialistischen Vaterland.«

»Gottseidank, das ganze kapitalistische Lumpengesindel haben wir hinter uns!« rief Adam wie plötzlich verwandelt: »Jetzt weht ein anderer Wind!..Mein Geld wird schon auf der Grenzstation warten!« Und er rieb sich – ich erstaunte zum ersten Mal über ihn – behaglich die Hände. In einer solchen Hochstimmung fuhren wir in Negoreloje ein. Es dämmerte schon. Der Zug hielt quietschend. Sehr saubere Träger mit blinkend weissen Schürzen kamen und schleppten unsere Koffer in ein umfängliches, nicht sehr hohes, langgestrecktes Gebäude. Wir folgten ihnen. Adam ging wie beschwingt – trotzdem, die Träger liess er nicht aus den Augen. Wir landeten in einem grossen, hohen, sauberen, hallenmässigen Raum. Eine riesige Reliefkarte der Sowjetunion zierte eine Wand. Alle Produktionszentren waren darauf markiert. Eine Lenin- und eine Stalinbüste prangten je in einer Ecke. In der Mitte lief ein breiter ovaler Tisch rundherum, dahinter standen die uniformierten Zollbeamten. Die Kontrolle war äusserst genau und dauerte und dauerte. Jeder Koffer musste völlig ausgepackt werden. Mit ruhiger Geduld prüften die Beamten. Sie schienen sehr viel Zeit zu haben, und mir gefiel, das sie sich durch irgendwelche nervöse Erklärungen der Reisenden nicht irritieren liessen.

»Kaffee?« fragte mich ein Kontrolleur. Man roch ihn von weitem. Ich hatte ein Kilo für Freunde mitgenommen.

»Ja, Kaffee haben wir noch nicht,« sagte der Beamte, die Tüte öffnend, und lächelte dünn. Sein Nebenmann notierte unsere Valuten. Adams Frau plagte sich, ein Kofferschloss aufzubringen. Kein lautes Wort fiel.

»Wo ist denn Adam?« fragte ich Frau Scharrer: »Kann er dir denn nicht helfen?« Sie deutete nur in Richtung des Fahrkarten- und Postschalters und mit einem Male brüllte es krächzend in die Stille: »Adam Scharrer! Jaja, Scharrer Adam! Adam Scharrer! Honorar, ja!.. Aus Moskau!.. Für Scharrer! Scharrer Adam! Adam Scharrer!« Wir sahen wie sich Scharrer nervös und zapplig niederbeugte und seinen Kopf in das schmale, halboffene Schalterfenster steckte und hörten ihn unablässig schreien: »Ja! Ja! Scharrer Adam! Adam Scharrer.. Honorar für meine Bücher, Honorar!« Es dröhnte fast metallisch durch den Raum: »Verstehn Sie denn nicht? Honorar für Scharrer! Adam Scharrer! Adam –« Ein rasch hinzutretender Beamter, der offenbar deutsch verstand, redete ihn an, und Adam zog seinen Kopf wieder aus dem Fenster: »Bitte! Ja, mein Honorar aus Moskau!..Ich hab doch geschrieben! Es muss doch da sein!« Ganz zerfahren gestikulierte er, redete und redete, dass der Beamte gar nicht zu Wort kam. Währenddes steckte die Schalterbeamtin ihren runden Kopf aus dem Fenster. Sie hielt ein Bündel Briefschaften in der Hand und sagte zu ihrem Kollegen: »Njet! Njet Gonorar, Towaritschtschi. Njet..!«

Der Angesprochene verdeutschte.

»Nicht?.. Ni-nichts?« stammelte Adam und starrt ihn gross an. Eine Sekunde lang schien alles in ihm erstorben.

»Also nichts, hmhm,« machte er und schüttelte haltlos den Kopf. Der Beamte sagte irgendetwas, doch Adam hörte nicht mehr hin. Ganz knieschwach tappte er auf den Zolltisch zu, sah mich und knurrte verloren: »Hast du Worte? Mein Honorar ist nicht da! Nichts ist da! Ich versteh' die Welt nicht mehr..« Wirklich mitleiderregend sah er aus.

»Aber was denn! Was denn, Adam!« tröstete ich ihn lustig und zeigte ihm, was wir eben erhalten hatten: »Wir haben doch alle kein Geld! Wir brauchen doch kein's hier! Da, schau doch! Eben haben wir Talons für Abendessen und Frühstück im Speisewagen bekommen! Schlafwagen kriegen wir auch! Was wollen wir denn noch mehr!« Das erweckte ihn sofort wieder.

»Was? Talons? Wo denn? Was denn? Warum hab' ich noch keine?« haspelte er heraus.

»Ich hab sie doch schon! So hilf mir doch endlich! Ich bring' nicht auf da!« fuhr ihn seine Frau an, die sich immer noch mit dem Kofferschloss, das nicht aufgehen wollte, plagte. Er machte sich ans Öffnen, probierte alle Schlüssel, riss und rüttelte und kläffte sie an: »Ja, Himmeldonnerstern, wo hast du denn den Schlüssel!?« Da sei er doch dabei, meinte sie ungut. Von neuem fing er zu probieren, zu arbeiten, zu schnauben und zu fluchen an, drehte wieder – der Schlüssel gab nach, der Bart war abgedreht. Adam stockte, wurde blass, dann sah er ganz kleinlaut und hilflos auf den Beamten und fing zu erklären an. Die mildesten Töne fand er. »Genosse,« sagte er, und es seien doch sowieso nur alte Kleider und unverzollbares Zeug im Koffer. Er zeigte den kaputten Schlüssel. Der Beamte murmelte irgendwas, nickte – und beugte sich unter den Tisch.

»Paschalsta!« sagte er, als er sich wieder hochrichtete und gab dem verblüfften Adam eine Zange. Der stutzte sprachlos, einige Sekunden zögerte der Beamte.

»Paschalsta!« sagte er wiederum, liess sich von Adam die Zange geben, setzte an am Schloss, und der Kofferdeckel sprang auf. Adams Nasenflügel bebten, der Schweiss stand ihm auf dem Gesicht, geruhig nahm der Beamte Stück für Stück aus dem Koffer.

»Grossartig! Sowas gefällt mir! Die Leute haben Zeit!« sagte ich eigentlich mehr für mich, und weil einige schmunzelten, fügte ich dazu: »In einem Land, wo man so viel Zeit hat, ist's sicher auch gemütlich.«

Adam zitterte vor Wut und bellte mich plötzlich an: »Halt' doch du endlich deine Fresse, Irrsinniger!« Unberührt von all dem blieb nur der Beamte.

Nach zirka einer Stunde brachten die Träger unser Gepäck in den bereitstehenden Zug, und jeder bekam seinen Platz angewiesen. Wunderbar bequeme, breite Coupés hatten diese russischen Waggons. Schade, dachte ich, morgen um elf sollen wir schon in Moskau sein, in so einem Zug könnt' ich wochenlang zubringen. Vor den Fenstern war es schon dunkel. Der weisse Dampf der Lokomotive schwamm in der schwärzlichen Luft. –

Ich war mit einer sehr eleganten, grossen, schlanken Russin, die zwei Kinder und eine Menge funkelnagelneuer, schwerer, vielbeklebter Koffer mit sich führte, in ein Coupé gekommen. Der Schlafwagendiener erschien und machte aus den breiten Polstersitzen blühweiss-bezogene Betten zurecht. Ich staunte, wurde leicht verlegen und lächelte unschlüssig. Die schöne Russin schien zu erraten, was in mir vorging. Auch sie lächelte sehr einnehmend.

»Hm, tjaaa, hm – ich kann nichts dafür, gnädige Frau,« stotterte ich etwas befangen heraus, zuckte die Achseln und schaute im Raum herum: »Hm, ich soll hier bei Ihnen schlafen.. Haben wir denn da Platz? Wo soll ich liegen?« Offenbar kam das recht dumm und provinziell aus mir heraus.

»Wo Sie wollen,« lachte sie: »Sie sehn doch, Platz ist genug da!.. Bitte wählen Sie!« Ganz sicher und unbefangen sagte sie es. Ich wurde noch verlegener. So, als seien wir schon lange bekannt, in einem vorzüglichen, nur leicht akzentuierten Deutsch erzählte sie auf meine etwas jäh vorgebrachten Fragen, dass sie aus Italien komme. Ihre netten Kinder trugen Tiroler Trachten. Das heimelte mich an und kam mir doch recht sonderbar vor.

»Sind Sie denn wirklich Russin?« fragte ich wiederum etwas zweifelnd.

»Jajaja, jaja, Sowjetrussin,« antwortete sie erheitert: »Was schauen Sie denn so? Haben Sie Angst vor mir?« Auch ihre Kinder, ein Bub und ein Mädel von zirka 6 und 7 Jahren, betrachteten mich neugierig.

»A-angst?..Nein-nein!« stotterte ich: »Ich mein' bloss – ich kann doch nicht – Sie sind doch eine Dame und ich ein Mann – es ist, hm –« ich brach ab und versuchte wieder etwas zu lächeln. Weiss Gott, die Dame gefiel mir wirklich ausnehmend gut. Alles war so frei, so weltbereist überlegen an ihr. Ich bekam angesichts einer solchen Partnerin einen riesigen Respekt vor der Sowjetunion. Doch geklärt war damit nichts im Augenblick.

»Hm, es ist, hm...« fing ich abermals an, und sie schien meine Gedanken zu erraten.

»Warum?« fragte sie schon wieder so direkt: »Wo wollen Sie liegen?... Was haben Sie denn?«

»N-n-nichts, nein-nein, gar nichts... Ich lieg', wo Sie wünschen,« gab ich <zur> Antwort. Sie lachte laut auf und sagte, indem sie ihre Kinder nahm: »Kommen Sie! Gehen wir erst einmal Abendessen!« Folgsam ging ich hinter ihr her und betrachtete sie insgeheim mit grösstem Behagen. Wunderschön gewachsen war sie, hatte breite Schultern, dezent angedeutete Hüften und einen sicheren, fraulichen Gang, nicht jenen burschikos-sportlichen, den ich nicht leiden kann. Nebenher aber ging mir noch allerhand anderes durch mein aufgeschrecktes Hirn. Sowjetrussin, sagte sie, hm, so eine feine, unproletarische Dame? Irgendwie hatten wir doch alle die vage Vorstellung, da drüben, in diesem neuen Riesenstaat im Osten gäbe es nur schlampig gekleidete Arbeiter mit Mützen, derbstieflige Muschiks und urgesunde, reizlose Frauen mit Kopftüchern. Überhaupt – aber da wechselten meine Gedanken schon wieder! Vielleicht – wer weiss – ist meine Partnerin eine gutgetarnte Gegenrevolutionärin, eine Spionin?! Mit jenem gewaltsamen, grobschlächtigen, umständlichen Ernst, der uns Deutsche in solchen Situationen überkommt, wollte ich mich in eine gewisse Reserviertheit, in eine Vorsicht hineinsteigern. Plötzlich dachte ich: Hm, diese Russen sind doch schlau, hm, setzen mir da so eine verführerische Person ins Coupé, hm, vielleicht, um mir politisch sozusagen auf den Zahn zu fühlen. Im nächsten Augenblick aber sagte ich mir schon wieder: ›O du eingebildeter, kindischer Kerl! Du glaubst wohl, wie wichtig du bist! Ausgerechnet um so einen Pinscher werden sich die Russen kümmern!‹ Aber es verflog, es zerflatterte schon wieder alles. Wir setzten uns an einen Tisch im Speisewagen und die Dame sagte: »Kommen Sie, ich will Ihnen helfen!« indem sie die Speisekarte nahm und fragte: »Was wollen Sie essen? Huhn? Fisch? Borscht? Salat, Kaviar?«

»Jajaja, ja, alles! Alles, was es eben gibt, bitte!« antwortete ich ganz verwirrt und bat noch zerfahrener: »Danke! Danke!.. Bitte, bestellen sie, ich esse alles!« Sie musterte mich flüchtig und lächelte wieder, aber sie nahm sich reizend meiner an. Ich mochte zwar den Kaviar absolut nicht, doch ich ass ihn. Auch der

Borscht schmeckte fremdartig. Ich ass ihn ebenso. Das Huhn schmeckte ausgezeichnet, den Fisch verspeiste ich und sie hätte meinetwegen stundenlang so weiter bestellen können.

»Großartig das Essen! Wunderbar!« lobte ich begeistert und versuchte unbeholfen Konversation zu machen: »Soso, Sie fahren also auch nach Moskau?«

»Moskwa, jajaja,« sagte sie. Immer wenn ich merkte, dass sie es nicht sah, überflog ich sie begehrlich. Ihr Gesicht war schmal, die Haut unverbraucht und gepflegt; grosse ruhige Augen, eine ebenmässige Nase, ein schöngeschweifter, keineswegs vulgär dicklippiger Mund und eine ganz glatte, gescheite Stirn zierten dieses Gesicht, und die dichten braunen Haare fielen sehr frauenhaft in den Nacken. Ein frischer Geruch von Kölnisch[en] Wasser ging von ihr aus. Verflucht, und bei der sollte ich heute – jetzt dann gleich...? Wie nett sie die Kinder versorgte! Die unnervösen, sicheren Bewegungen, die herrlichen Arme... hmhm, was man doch auf so einer Weltreise alles erleben konnte!

Ich sah nicht mehr, was um mich vorging. Adam und seine Frau waren mir aus den Augen gekommen, und ich hoffte nur, dass es so bleibe. Vorne an einem Tisch wurden die Gäste laut und heiter. Mechanisch schaute ich in die Richtung.

»So, wir sind fertig.. Kommen Sie bald nach,« sagte jetzt die Dame, stand auf und wünschte mir eine Gute Nacht. Ich sah sie enttäuscht und baff an und stotterte ebenfalls den Gruss heraus. Sie schob die Kinder voraus und ging aus dem Speisewagen. Ich sah ihr sonderbar abwesend nach. Die Türe ging zu, weg war sie. Jetzt wurde ich noch verlegener. Ich rätselte unbeholfen in mir herum, wie ich es am besten und schicklichsten anstellen sollte – ja, was überlegte ich nicht alles! Immer mehr geriet ich in eine heillos-wohlige Verwirrung, ärgerte mich, das sie so schnell, so abrupt weggegangen war, versuchte mir etwas zurechtzulegen – aber da kamen Adam und seine Frau zur Türe herein und setzten sich zu mir. Ich sah in ihre missvergnügten Gesichter, ach, ja, ja! Zum ersten Mal wünschte ich sie weit, weit weg. Und nach einer Weile holte mich ein Tscheche, den ich aus Brünn kannte, an den lustigen Tisch vorne, an dem ein Amerikaner Wodka bezahlte. Mit jener Fadheit in mir, die einen überkommt, wenn man durch tölpische Unschlüssigkeit etwas sehr einfaches und schönes verpfuscht hat, fing ich zu trinken an, trank und trank und langsam verschwamm die Dame, mit der ich eben noch zusammengesessen, es verebbte die prickelnde Verzücktheit...

»Das ist ein ganz großartiges, ein ganz gewaltiges Land!« plärrte ich blechern heraus und hob das Wodkaglas: »Was einem da alles geboten wird! Einfach wunderbar!« Alle lachten. Der leichte Rausch machte mich ausgelassen. Ich drehte mich um und trank Adam zu, der eben aufstand, um mit seiner Frau zu gehen: »Adam, prosit!.. Jetzt weiss ich, was du für ein Leiden hast! Du bist gallenkrank! Gallenkrank, verstehst du!.. Aber keine Angst, in Moskau werden wir alle gesund!« Er winkte ab und die beiden gingen rasch davon. Eine laute Heiterkeit übergoss mich. Willenlos trank ich weiter, und in der Frühe erwachte ich im Coupé des tschechischen Kollegen, der bereits angezogen da stand. Schon stand der Waggondiener da. Rasch sprang ich auf und machte mich zurecht. Im Gang stiess ich auf die Dame. »Wo waren Sie?.. Sie haben getrunken, ja?« sagte sie lächelnd und warnte einnehmend mit dem Zeigefinger. Ich schämte mich und stotterte irgendeine ungeschickte Entschuldigung heraus. Aus dem nebenanliegenden Coupé kam Adam und murrte vergrämt über die schlechte Lüftung, er habe Kopfweh. Vor den Fenstern peitschte dicker Regen hernieder. Gleichmässig grau dehnten sich die kreisenden Flächen. Abwesend glotzte ich durch die trüben Scheiben, als der neben mir stehende Adam nörgelte: »Ein Arbeiterstaat macht das nicht, diese Bummelei mit dem Honorar!.. Meinen Kopf wett' ich, dass da nur unsere deutschen Freunderln, diese widerwärtigen Schlamper schuld sind! Die können aber was erleben, wenn ich in Moskau bin!«

»Ach was, Adam! Jetzt kommt Moskau!« rief ich heiter und klopfte ihm auf die Schulter: »Siehst du, du bist wirklich mein Freund! Du bist ein ganz waschechter Pessimist, das freut mich. Ich weiss nicht warum, aber solche Menschen mag ich, verstehst du? Aber ich glaub', du wirst es hier recht schwer haben! Pessimisten, weißt du, die mag man nicht.. Hier ist man durchaus optimistisch, wunderbar optimistisch!... Mensch, was machst du da bloß?... Du willst doch überall Schattenseiten, verstehst du?«

»Fängst du schon wieder an!« zischte er durch seine schadhaften Zähne: »Mensch, geh bloß weg!.. Hoffentlich kommen wir in Moskau auseinander!« Im Gang wurde es lebendig, überall rissen die Reisenden die Fenster herunter.

»Da! Das ist der Maxim Gorki! Er begrüsst uns!!« schrie jemand. In der grauverregneten Höhe flog langsam der riesige Aeroplan gleichen Namens. Fast majestätisch geruhig schwebte er durch das neblige Gebräu.

»Gleich sind wir da!« hörte ich von allen Seiten. Häuser kamen, immer mehr Häuser wie in jeder Stadt. Der Zug verlangsamte sein Tempo. Adam wurde auf einmal kribbelig.

»Wo willst du denn hin?« fragte ich.

»Ich werd' doch abgeholt! Ich muss mich umschauen!« raunte er hastig heraus und zog seine kleine Frau mit. Sie drängten sich durch die Leute im engen Gang und verschwanden. Alles machte sich fertig. Halt!

»Intourist! Kongress!.. Intourist! Kongress!« riefen Menschen auf dem Bahnsteig. Ich erhaschte Adam und seine Frau, wie sie irgendwo in einem vorderen Wagen ausstiegen. Er zerrte das kleine Geschöpf wie ein widerstrebendes Hündchen mit sich. Sie gingen unter in einem dichten Menschenstrudel. Wir stiegen aus und sammelten uns um ein korpulentes, hellblondes Fräulein. Die Träger stellten all unser Gepäck vor uns hin.

»Sind alle da, bitte?« fragte das Fräulein resolut.

»Nein, Scharrers fehlen noch!« rief ich. Das Fräulein sah auf eine Liste und las laut: »Adam Scharrer, mit Frau! Wo ist der Herr?«

Vergeblich hielten wir Ausschau. Die Dame mit ihren Kindern und den vielen Koffern wurde von mehreren Zivilisten und Uniformierten abgeholt, die sie überaus herzlich begrüssten. Noch einmal erhaschte ich sie und nickte ihr lächelnd zu. Sie tat dasselbe, aber schon bewegte sich die kleine Gruppe dem Ausgang zu. Schade! Reisen erschien mir auch nicht als das rechte. Alles tauchte auf dabei und entschwebte. Während ich noch immer den Davongehenden nachsah, entdeckte ich auf einmal Adam, wie er allein in einen der vordersten Waggons stieg, deutete in die Richtung und rief: »Dort ist er ja, der Scharrer!« Ich lief und schrie: »Adam! Adam!« Er war nicht zu erschreien, er war bereits wieder verschwunden. Ich tappte auf die Sammelstelle zu und kam eben an, als Adam plötzlich ganz verstört seinen Oberkörper aus einem offenen Fenster reckte.

»Oskar! Oskar!« schrie er ganz verzweifelt: »Mein Gepäck ist weg! Alles weg! Geklaut!« Schreckverzerrt war sein Gesicht.

Wild streckte er die zitternden Arme: »Alles geklaut! Weg!« Wir stockten. Aber nur eine Sekunde lang.

»Was denn? Was denn? Adam?« rief ich und zeigte auf den Haufen neben dem Intourist-Fräulein: »Da, Mensch, da steht doch alles, komm doch!« Adams Lippen klappten zusammen. Verblüfft starrte er auf seine Koffer und Ballen. Endlich kam er stumm und leicht beschämt aus dem Waggon. Alle lachten. Kurz darauf kam auch Frau Scharrer atemlos daher und stieß, mich kurz und verständnisinnig anschauend, heraus: »Der ist ja verrückt!« Belustigt wandte ich mich an Adam und spöttelte: »Siehst du, Adam, was hab' ich dir gesagt?.. Du brauchst Schattenseiten! Gottseidank, sie gehen schon an!«

Er sagte diesmal nichts. Nur sein wütendes Gesicht wurde dunkelrot.

Grosse Autos brachten uns ins Hotel »Metropol« ...

4.) Ein letzter Schnörkel.

Nach dem Kongress lud uns die Sowjetregierung zu einer mehrwöchigen Studienreise durch den russischen Süden ein. Unvergessliches sahen und erlebten wir. Tage-, nächte-, wochenlang verbrachte ich mit Adam und seiner Frau in den komfortablen Eisenbahn-Coupés, in den gastlichen Hotels des Riesenlandes, das sich von Grund auf umformte. Dabei hat mich Adams beständiges Nörgeln, Raunzen und Schimpfen unvergleichlich erheitert und unterhalten. Das begann meistens schon am Morgen, wenn wir statt des gewohnten Kaffees den landesüblichen Tee vorgesetzt bekamen, und endigte nachts, wenn wir von einer herrlichen Autotour ins Land hinein zurückkamen.

»Diese Chauffeure, das sind ja Hottentoten! Das sind ja Wilde! Die fahren uns noch faktisch in den Tod!« knurrte er in unsere Begeisterung hinein. Sie rasten ihm viel zu leichtsinnig, zu unverantwortlich und zu waghalsig dahin. Bei dem Gehopse auf den Steppenstrassen war sein Gedärm und sein Magen durcheinandergekommen, und – schloss er meistens – »natürlich hat man uns wieder in ein Auto mit der schlechtesten Federung hineingesetzt!« Auch der ständige Wechsel und die Unruhe des Reisens störte ihn, es behagte ihm nichts, rein gar nichts. Erstaunlicherweise aber beschloss er bei unserer Rückkehr nach

Moskau, in der Sowjetunion zu bleiben! Und er blieb elf lange Jahre dort! In Moskau und hauptsächlich in der Wolgarepublik. Er schrieb eine ganze Reihe Bücher, die deutsch und russisch in hohen Auflagen herauskamen. Ich habe ihn nie wieder gesehen, und seine Bücher waren leider nicht so echt wie er.

Er nämlich blieb, wie mir Freunde versicherten, die ihn im Lauf dieser Zeit öfter besuchten, der unveränderte, berserkerische Raunzer. Sonderbar, bei solchen Berichten beschlich mich stets eine leichte Wehmut. Wahrhaftig, ich sehnte ihn oft herbei. Heute noch, wenn ich an ihn denke wie in manchen guten und schlechten Zeiten, steigt's mir die [durch meine] Gurgel herauf:

»Herrgott, warum ist er jetzt nicht da, der Adam!« Doch es trocknet auf der Zunge und hinterlässt für eine Weile einen leicht bitteren Nachgeschmack. Adam kam 1945 mit der siegreichen roten Armee nach Mecklenburg und starb dort schon nach knapp zwei Jahren, und eigentlich habe ich ihm doch irgendwann einmal danken wollen für die Erheiterung in jenen glücklichen Wochen in der Sowjetunion...

Pierre Kodjio Nenguié
Exil, Multikulturalität und Literaturbegriff
Zu Oskar Maria Grafs »An manchen Tagen«

I.

In seinem Essay »Das Multikulturelle als Stimulans« entwirft Paul Nizon das Bild eines im Exil und im multikulturellen Kreis lebenden Schriftstellers: »Bei einem Schriftsteller, der das Exil gewählt hat, ist das Multikulturelle nicht nur in seinen Wünschen, sondern auch in seinem Alltag gegeben.«[1]

Die Gewissheit, dass eine Beziehung zwischen Exil und multikulturellen Erfahrungen besteht, gründet auf der Ambivalenz ästhetischer Erfahrungen, die Eigen- und Fremdkulturelles in sich einschließen. Die Voraussetzung dafür ist, dass der Autor einander fremden Sprach- und Kulturräumen angehört.[2] Verschiedene Literaturräume sind dabei ebenso wichtig wie die Tatsache, dass die Schreibenden eine interkulturelle Biographie durchlaufen müssen.[3] Die ästhetische Tätigkeit eines interkulturell schreibenden Autors basiert auf vielfach gebrochenen Erfahrungen.[4] Das Multikulturelle erweist sich als stilistisches Ferment.[5] Es kann einerseits bedeutende Quelle der Kreativität sein, andererseits lässt es sich als ein Faktor verstehen, der das kritische Vermögen des Schreibenden steigert, weil weder das Eigen- noch das Fremdkulturelle als Bezugspunkte verab-

---

[1] Paul Nizon, Das Multikulturelle als Stimulans. In: Paul M. Lützeler (Hg.), Schreiben zwischen den Kulturen. Beiträge zur deutschsprachigen Gegenwartsliteratur. Frankfurt/M. 1996. S. 49–54.
[2] ebd. S. 49.
[3] Thomas Keller, Einleitung in: Bernd Thum u.a. (Hg.), Interkulturelle Lebensläufe. Tübingen 1998. S. 1–23.
[4] Kurt Klagenfurt, Technologische Zivilisation und transklassische Logik. Eine Einführung in die Technikphilosophie. Frankfurt/M. 1995. S. 70f.
[5] ebd. S. 49.

solutiert werden können. Vielmehr sieht sich ein derart Schreibender – implizit oder explizit – dazu gezwungen, einen dritten imaginären Raum zu schaffen, in dem er, wie Kurt Klagenfurt im Anschluss an Humberto Maturana fordert, auf eine Vielfalt verwiesen wird, in der unterschiedliche Wahrheiten dank unterschiedlicher Kulturen möglich sind.[6] Bei Verlust der angestammten Kultur und Übergang zum Interkulturellen bleibt als eine Basis die Erfahrung des Monokulturellen.

Der Themenkomplex Exil und Multikulturalität eignet sich für eine Erfassung von Grafs »An manchen Tagen«.[7] In diesem autobiographisch bestimmten Buch liefert der Autor zu diversen Anlässen seine Wertungen, Reflexionen und kritischen Überlegungen über die Zeitgeschehnisse sowohl eigenkultureller wie fremdkultureller und sogar synkretistischer Art. Die Graf-Forschung der letzten Jahre trägt zum Teil der Vielfalt Rechung[8], wenn auch bisher zu viel Wert auf biographische Momente, auf Beziehungen zu Zeitgenossen[9] oder zu den Themen Vaterland und Exil gelegt wird.[10]

Norbert Mecklenburg hat dagegen das interkulturelle Moment hervorgehoben, das – auch wenn es bisher zu wenig Beachtung fand – aus den vorgenannten Forschungen erschlossen werden kann.[11] Ein »Poetik der Alterität«, der Fremdartigkeit, wie sie

---

[6] ebd.
[7] Oskar Maria Graf, An manchen Tagen. Reden, Gedanken und Zeitbetrachtungen. Frankfurt /M. 1989 (Werkausgabe, hg. von Wilfried F. Schoeller Band XII) – Nach dieser Ausgabe, die identisch ist mit der 1994 im List-Verlag erschienenen, wird im Folgenden zitiert, Seitenangaben folgen in Klammern nach den Zitaten.
[8] Zur Orientierung sei hingewiesen auf die Jahrbücher der OMG-Gesellschaft 1997/98 und 2001, hg. von Ulrich Dittmann und Hans Dollinger.
[9] Vgl. die Beiträge von Walter Müller-Seidel und Sergej Tretjakow im Jahrbuch der OMG-Gesellschaft 1997/98 und die Aufsätze von Dirk Heißerer im Jahrbuch 2001.
[10] Vgl. Hans Dollinger, Vaterland – ein Lesebuchschlagwort. Oskar Maria Graf bleibt in der Emigration. In: Jahrbuch der OMG-Ges. 1997/98. S. 117–121.
[11] Vgl. Norbert Mecklenburg, Über kulturelle und poetische Alterität. Kultur- und literaturtheoretische Grundprobleme eine interkulturellen Germanistik. In: Dieter Krusche und Alois Wierlacher (Hg.), Hermeneutik der Fremde. München 1990. S. 80–101. – Ich bin Norbert Mecklenburg dankbar für diesen Hinweis, der meine Reflexionen anleitet.

sich Mecklenburg vorstellt, kann man an Grafs Essay-Band erproben, denn er enthält neben der Selbstthematisierung auch den Entwurf einer Fremdperspektive. Es überlagern sich Exilerfahrungen mit kritischer Wahrnehmung des Eigenkulturellen und ein differenzierter Umgang mit dem kulturell Anderen.

II.

Liest man Grafs »An manchen Tagen«, so gewinnt man den Eindruck, dass der Autor improvisiert. Das Improvisatorische dominiert die Entstehung des Buches. Ziel des Autors ist die Formulierung einer persönlichen »Sinngebung eines glücklichen oder melancholischen Augenblickes« (12). Die von den Nazis erzwungene Emigration erlebte er wie Döblin, Thomas Mann oder Lion Feuchtwanger und zahlreiche andere Zeitgenossen nicht nur als historische Tragik, sondern auch als psychologischen Desintegrationsprozess: »An manchen Tagen, da mich der Schmerz über den Tod eines Menschen, der mir viel bedeutete, überwältigte oder die Erinnerung an das Leben eines anderen tief ergriff, musste ich wohl so reden und schreiben über ihn, wie es nun in diesem Buch steht.« (ebd.)

Der Schmerz ergibt sich aus einem direkt oder indirekt von den deutschen Machthabern verursachten Tod. Graf teilt so eine Erfahrung mit seinen Zeitgenossen, von denen sich einige das Leben nahmen.[12] Nachdem er seine Autobiographie in den Kontext der Weimarer Republik stellt, wie Walter Müller-Seidel nachwies,[13] hat er die vielseitige Krise, die sich vom Anfang der deutschen Avantgarde über die Republik bis ins Dritte Reich erstreckt, mehrfach erlebt. Für seine endgültige Suche nach Legitimation und Identität war er dann mit vielen Kollegen auf das nordamerikanische Exil angewiesen. Die Dispositionen der Fremdwahrnehmung erklären sich bei ihm aus seinen Exilerfahrungen und seinem Außenseitertum. Daraus erwächst seine Neuinterpretation des Eigenkulturellen. Sein Selbstvertrauen als Rebell legt ein Zeugnis dafür ab. So kann Hans Dollinger

---

[12] Norbert Mecklenburg, Poetik der Alterität. In: Yoshinori Shichiji (Hg.) Internationaler Germanistenkongreß in Tokio. München 1991. S. 21–26.
[13] Vgl. Anm. 9.

zu Recht feststellen, dass er sich auch als Außenseiter in kein Klischee stecken lässt.[14]

Die persönlichen Eigenschaften Grafs haben ganz wesentlich dazubeigetragen, dass er Neuem und Fremdkulturellen offen begegnen konnte. Der Instinkt zur aufrichtigen und echten Menschlichkeit wird zum Schlüssel seines ressentimentlosen Charakters, der in die »geheime Liebe für alles Großzügige, alles Großräumige«[15] einmündet. Hinzu kommen Grafs Hang zum Weltbürgertum und eine besondere Neigung für alles Unkonventionelle und Unbequeme.[16] Grundzüge seines Charakters finden sich im Essay-Band formuliert: »Ein Mensch, der sich zeitlebens nie innerlich wandelt, bleibt eine engstirnige, spießbürgerliche Angelegenheit, und was wir gemeinhin als ›unverrückbare Haltung‹ bezeichnen, ist oft nichts anderes als Sterilität oder manische Verranntheit« (12).

Die angesprochene innere Wandelbarkeit mag mit der Sympathie für Leidende, aus der die dauernde Melancholie erwächst, gleichgesetzt werden: »An manchen Tagen überlässt man sich grundlos dem undefinierbaren Fallenlassen ins Träumerische und kann nicht mehr unterscheiden, geschieht dies nun aus Melancholie oder einem Glücksempfinden, aus dem Überdruss an allem, was sich rundherum so wichtig macht, oder aus dem fast lechzenden Bedürfnis, endlich einmal ganz und gar mit und in sich allein zu sein« (13).

Die Zwangsemigration begreift Graf als eine Chance, um seinen seelischen Zustand deutlich zu machen: »Ich bin heute eigentlich Herrn Hitler dankbar, dass ich wegen ihm herausgenommen bin in die weite Welt. Man sagt mir immer, dass wir in der Emigration stehen geblieben seien. Aber in welchem Maße man hier [gemeint ist das Nachkriegsbayern von 1958!] stehengeblieben ist, das habe ich mir nicht so vorgestellt«[17] – so antwortet Graf auf die Kritik an der Emigration als einem angeblich unfruchtbaren Boden. Sie hatte ihm die Möglichkeit geboten, das Leiden seiner Mitbürger im Exil und im Dritten Reich kritisch zu betrachten. Da er weder Patriot noch Nationalist

---

[14] Vgl. Anm. 10, S. 120.
[15] ebd.
[16] ebd. S. 119.
[17] ebd.

war, das ›Vaterland‹ ihm ein Lesebuchschlagwort und ›Nation‹ etwas Abstraktes blieb[18], konnte er sich mit diesen Kategorien dauerhaft auseinandersetzen. Im folgenden wird nachgewiesen, welche Beziehungen der Kritiker Graf zu deutschen Ideologemen unterhält und wie er sein offizielles Selbstverständnis des Deutschen formuliert.

III.

In seinem Essay »Die deutsche Literatur ist unteilbar«, den Graf zwischen 1945 und 47 schrieb und bei einem aus politischen Gründen unterbliebenen Heimatbesuch 1948 als Vortrag halten wollte, versucht er das Selbstverständnis der Deutschen zu erfassen. Er geht von einem pauschalen Tableau über die Deutschen aus. »Man sagt uns Deutschen von jeher nach, wir seien die heftigsten Vereinsmeier und jeder Deutsche komme eigentlich schon als Vereinsmitglied oder Vereinsvorstand zur Welt« (19). Dieses Urteil, tatsächlich ein Vorurteil, resümiert die politische Landschaft, die Graf beobachtet und die er wohl erst aus der Exilperspektive so erfuhr. Auch die Parteien betrachtet er als bloß »etwas weiter gespannte Vereine«, so dass sich der politische Nationsbegriff verflüchtigt. »Wie scharfsinnige Psychologen und Historiker festgestellt haben – [haben wir es] trotz Bismarck und Hitler nie zu einer wirklichen Nation [...], sondern bestenfalls zu einer reglementierten Organisation gebracht [...] Wir waren und blieben stets ein Konglomerat von sehr verschiedenen Volksstämmen, die sich wirtschaftlich und politisch von Zeit zu Zeit wohl mehr oder weniger straff zusammenpressen ließen – in seinem Innersten, seinem Wesen nach blieb jeder Volksstamm immer sehr eigenbrötlerisch heimatlich, also eigentlich dem Nationalen entgegenstehend« (19). Graf beruft sich bei seiner Argumentation auf den Fall zahlreicher Mit-Einwanderer, die sich als deutsch bezeichnen lassen und dementsprechend verhalten. Obwohl die Sprache als Faktor der Selbstdefinition verstanden wird und zur Bestimmung deutscher Identität beiträgt, gewährt sie keineswegs die Konstitution einer Nation. Zu Recht weist Graf vergleichend auf das Beispiel der

---

[18] ebd.

Tschechen zurück, die lange eine gemeinsame Sprache hatten, bevor sie einen Staat bildeten.

Wenn es nach Graf eine Kategorie gibt, die das Selbstverständnis eines Volkes bestimmt, dann nur die Sprache. Denn sie und das Wort sind »Teile des Geistigen«, das »wie alles wahrhaft Geistige [...] aufs Humane« (22) zielt. Selbst »wo Wort und Sprache nur noch Kommunikationsmittel sind, bleiben sie im Humanen« (22) verhaftet. Sie tragen zur Völkerverständigung bei, während andere Wege oder Umwege im Chaos münden. »Solange mit Worten argumentiert wird, schießen Menschen einander nicht tot. Sie suchen sich zu verständigen. Hätten wir uns nur immer unverdrossen an diese positive Kraft der Sprache gehalten – unbeschreibliches Elend wäre uns und der Welt erspart geblieben [...] Sicherlich gibt es heute Millionen von Menschen auf der Welt, die zur Einsicht gekommen sind, dass Kanonen und Bomben keine Schwierigkeiten zwischen den Völkern mehr lösen können.« (22f.) Über ihre Funktion als Kommunikationsmittel hinaus bildet die Sprache also ein bedeutendes Medium der Völkerverständigung, sie übersteigt die Wirkung anderer Medien bei weitem. Der dichterischen Sprache aber erkennt Graf eine besondere Kraft zu: »Gerade der Schriftsteller hätte an diesem Schnittpunkt der Entscheidung über Leben und Tod zu beweisen, dass er einzig und allein an das Wort glaubt und niemals an die brachiale Gewalt. Erst dadurch wird das Wort wieder ausschlaggebend und zum Alleinwert, der alle anderen Werte übertrifft« (23). Bei Christus, Tolstoi und Gandhi findet er die bewegende Kraft des Wortes und der Sprache, die er auch auf dem Schiff nach USA diskutiert. Er lernt einen jungen amerikanischen Quäker kennen, der Deutsch spricht und mit dem er gemeinsame Interessen zu vertreten meint. Auf die Frage des Quäkers, ob Graf seine Bücher auf Englisch abfassen wird, reagiert er skeptisch: »Wer wird denn dort für bayrische Bauern und Landmenschen Interesse haben!« (24) Ferner schreibt er: »Mein Freund riet mir, rasch Englisch zu lernen und mich zu amerikanisieren.« (ebd.)

Aus seiner Sicht wird die Sprache und besonders die Literatursprache zum interkulturellen Medium. Sie erweist sich fruchtbar für wechselseitiges Verstehen, auch wenn sie Medium der Selbstfindung, der Identität ist. Das Festhalten an einer solchen

Identität kann allerdings als problematisch erscheinen, es kann mit ethnozentrischen Reflexen verwechselt werden. Graf stellt fest, dass man »mitten im Krieg [...] deutsch und Hitler schon gefährlich gleichsetzte« (25). Darum erweist sich der emotionale Rückgriff auf die Muttersprache als gefährlich. Er konstituiert eine ethnozentrische Geste. Wer keine fremde Sprache lernt, bleibt im Unwissen und setzt sich – wie immer unbewusst – dem Verdacht des Ethnozentrismus aus.

Der Erfahrungshorizont eines solchen Menschen wirkt begrenzt, und auch Graf gerät in diese Falle, wenn er meint, seine deutsch geschriebenen Bücher könnten aufgrund der Sprachbarriere nicht in den USA aufgenommen werden. Gerade das Gegenteil erweist sich aber für einmal als richtig: »Da war ich einmal etliche Monate in einer amerikanischen Künstlersiedlung eingeladen, die erfreulicherweise stets einen Künstler oder Schriftsteller anderer Nationalität einlud. Da ich wegen meiner Faulheit und Begriffsstutzigkeit das Englische wohl nie erlernen werde, befand ich mich als einziger Deutscher in einer etwas unbehaglichen Lage. Außer den lustigen Trinkereien mit anderen Kollegen fand sich rein gar nichts, was uns einander näherbringen konnte. Eines nachts aber, beim Heimgang aus dem nahen kleinen Städtchen, fing ich in höchster Trinklaune plötzlich laut an, deutsche Gedichte zu rezitieren, und – merkwürdig – nach und nach wurde die Runde meiner Begleiter stumm, ganz stumm und lauschte aufmerksam den fremden Lauten, die doch niemand verstand und zum Schluss klatschten alle begeistert.« (25) Die positive Resonanz – dass er wieder und wieder zu weiterem Rezitieren aufgefordert wird und seine Kumpane manchen Text selbst lernen – überrascht Graf. Er führt seinen Erfolg, die Aufnahme der fremdkulturellen Literatur, auf kulturgeschichtliche Prozesse zurück: »Wenn ich an diese [...] sehr persönlich ausgelegten Erlebnisse denke, will es mir immer scheinen, als komme es auf der Welt stets nur darauf an, dass einer das bleibt, was er ist, und das Beste und Schönste, was er von seinem Volk mitbekommen hat, unverstellt weitergibt. Er wird damit auch das Herz der Welt gewinnen.« (25)

Die Vermittlung deutscher Literatur in Amerika versteht Graf als primäre Aufgabe. Die Schriftkultur spielt dabei keine zentrale Rolle. Das Akustische, das Visuelle und Bildhafte bilden die

Medien zur Vermittlung des Eigenkulturellen. Der Autor wird damit in seiner Exilsituation zum interkulturellen Agenten. Auf Grafs Erfahrung gestützt, lässt sich mit Sicherheit behaupten, dass die deutsche Literatur eben nicht nur als Kuriosum, sondern als Bestandteil der Weltkultur in USA begriffen wird. Das Gefühl, dass die eigene Kultur bzw. Literatur als Exotisches oder als Randkultur aufgenommen werde, verschwindet, wenn es darauf ankommt, sie zu inszenieren. Ohne Rücksicht auf die Rezitierbarkeit der deutschen Sprache gelingt es Graf – ohne Schamgefühl oder Rücksichtnahme – deutsche Gedichte öffentlich zu rezitieren. Dank seiner Vermittlung fasziniert deutsche Literatur und Kultur die Amerikaner. Und diese spontane Faszination für das fremdkulturelle Deutsche schreibt Graf im Kontext der Nazizeit nicht einem heuchlerischen Reflex zu, sondern führt sie geradewegs auf einen komplexen geschichtlichen Zusammenhang des amerikanischen Volkes zurück: »Und Amerika? Ist es denn nicht gleichsam die ganze bunte, völkergemischte Welt in einem einzigen Land? Ist denn nicht jede amerikanische Großstadt so etwas wie der verwirklichte Grundplan der Vereinten Nationen? Jeder von uns weiss, dass dieses verhältnismäßig junge Amerika von eingewanderten Europäern sein Leben erhalten hat. Daraus hat sich ein merkwürdig geglücktes Amalgam von gewachsener Demokratie und wildem Individualismus entwickelt, ein Menschenschlag, der weder englisch insular noch europäisch kulturprovinziell, sondern unerhört aufgeschlossen, neugierig und im großen und ganzen durchaus weltbürgerlich gesinnt ist.« (25f.)

Die offene Bereitschaft, von einer fremden Kultur zu lernen, offenbart eine durchaus positive Haltung des Nordamerikaners, wenn sie auch in mancher Hinsicht relativiert werden konnte. Graf führt auf jeden Fall auf eine implizite Weise die Aufgeschlossenheit auf den multiethnischen und -kulturellen Charakter des amerikanischen Volkes zurück. Er erklärt die Neigung zum Weltbürgerlichen und die bewusste Abwendung von jedem Kulturprovinzialismus. Grundsätzlich können beide Faktoren für Graf die Vermeidung eines amerikanischen Ethnozentrismus legitimieren. Die positive Haltung des Amerikaners exemplifiziert er an Wilsons Idee eines Völkerbunds zum einen und an der Anerkennung deutscher Intellektueller wie Thomas Mann,

Albert Einstein, Sigmund Freud, Kurt Weill, Hindemith, Rilke, Kafka u.a. (vgl. S. 26). Positive Rezeption des kulturell Anderen charakterisiert das amerikanische Volk. Dank der Faszination, Menschlichkeit, Toleranz und Aufgeschlossenheit haben die USA die große Kulturtradition Europas übernommen.

Die Aufnahme von Menschen aus verschiedenen Kulturkreisen lässt sich nicht als implizite Zwangsassimilation begreifen, vielmehr erhalten die Exilanten die Möglichkeit, das kulturell Besondere und Fremdkulturelle zu artikulieren. So sprechen Deutsche neben ihrer Muttersprache auch Englisch. Ihre Lieder und Bücher werden in amerikanischen Liedern und Büchern zitiert. »Sie lebten ganz im amerikanischen Alltag, aber das innerlich Ererbte, das Besondere, war ihnen unverlöschbar geblieben.« (27) Förderung des Geistigen und Besonderen bleibt darum, so Grafs Auffassung, ein Hauptkennzeichen des amerikanischen Wesens.

Graf scheut nicht davor zurück, mit eigenem Beispiel voranzugehen, sofern er meint, sein »unveränderbares Urbayerntum« habe sich öffnen müssen. Er lernt beispielsweise von den amerikanischen short-story-Erzählern »die treffsichere Knappheit, ihre Vermeidung aller unnötigen Breite«. Auch wenn er kein Englisch spricht, verhilft ihm die Übersetzung seiner Frau bei der Aneignung.

Es zeigt sich hier ganz deutlich, dass Aneignungsprozesse durch Literatur auch ohne Kenntnis der Fremdsprache durch die literarische Formensprache befördert werden. Die Übersetzerin übernimmt die Rolle einer interkulturellen Agentin. Während die deutsche Literatur Medium der Vermittlung des Eigenkulturellen bleibt, fungiert die fremde als eine bedeutende Quelle ästhetischen Lernens und Organisierens. Dabei bleibt die wechselseitige Literaturvermittlung nicht bei einem ästhetischen Austausch stehen, sondern Graf versteht sie als interkulturelle Tätigkeit. Die Vielfalt erzeugt einen differenzierteren Umgang mit dem Eigenkulturellem wie dem kulturell Anderen. Statt Verabsolutierung oder Verteufelung ergibt sich ein lebendiger Austausch: »Je mehr ich in diese Stilwelt eindrang, um so mehr gewann ich. Man gewinnt immer, wenn man unvoreingenommen aufzunehmen versucht. Wir dürfen uns nur nicht isolieren. Da erst beginnt die gefährliche Verengung, jene muffig-arrogante Abart des Provinzialisums, die mir auch in meinem Exil sehr oft begegnet ist, wenn beispielsweise überaus beflissen-tüchtige Mitemigranten bei allem, was ihnen in der Fremde ungewohnt vorkam, verächtlich sagten: ›So was hat es bei uns nie gegeben!‹, [... das hat für mich] immer so geklungen wie das überheblich-herausfordernde ›Deutschland, Deutschland über alles!‹« (27f.)

Graf preist Aufnahmebereitschaft als eine Tugend, Verengung erscheint ihm als Gefahr, die mit dem ethnozentrischen Blick gegeben ist. Differenzerfahrungen im fremdkulturellen Raum und der Exilsituation werden nicht als destruktiv, sondern als konstruktiv befruchtend empfunden. Dank dieses differenzierten Blicks versteht er die fremdkulturelle Offenheit für die eigene Kultur und Literatur nicht als Tarnungsmanöver, sondern als einen echten Ausdruck der Begegnung mit dem Fremdkultuellen im eigenen Raum.

Er war weder Nationalist noch ein guter Patriot und verachtete den ethnozentrischen Blick. Nach Graf existieren »das Wunschdeutschland« der früheren Nationalhymne, das imperialistische Deutschland oder Deutschland als Volk und Heimat einfach nicht; es ergibt sich nur aus einer Geisteskonstruktion, führt es doch zur »blinden Vermessenheit« in »die völlige Verengung, die Verödung unserer inneren Welt« (28).

Dass Graf die Hitlerzeit oder das pangermanische Deutschland kritisch sieht, liegt auf der Hand. Ein Deutschland, das als Ideal und sogar ›Herz Europas‹ zu betrachten ist, kann natürlich nur als unvollendetes und utopisches Projekt angesehen werden. Als Herz Europas gilt Graf Deutschland, in dem als Zentrum geistige Strömungen aus Ost und West, aus Nord und Süd zusammenfließen. Die Aufnahme solcher Strömungen wurden hier von Generation zu Generation fruchtbar gemacht. Das, was Graf leistet, ist eine Destruktion des Teutozentrismus. Er zeigt den synkretistischen Charakter des Eigenkulturellen und stellt gleichzeitig die Permanenz des Eigenkulturellen infrage. Die Destruktion einer geschlossenen deutschen Kultur setzt er fort, wenn er sich weiterhin auf literarische Aneignungsprozesse beruft, die er anhand der Literaturgeschichte belegt: »Hat nicht die deutsche Klassik die großen griechischen und römischen Dichter und Geister zu neuem Leben erweckt und die Romantik Cervantes, Calderon und Lope bei uns heimisch gemacht, und wer will abstreiten, dass die geniale Übersetzung von Tieck und Schlegel dem Genius Shakespeare Europa erobert hat? War es nicht Herder, der uns die Dichtung fast unbekannter Völker erschloss, und brachte uns nicht Goethe in seinem West-östlichen Divan den Zauber orientalischer Sprachweisheit nahe? Durch Paul Heyse lernten wir den fast unerschöpflichen Schatz altitalienischer Novellen kennen, und wenn ich nicht irre, war Bodenstedt der erste, der Puschkin und andere russische Dichter übersetzte. Ununterbrochen setzte sich – wenn ich so sagen darf – diese wahrhaft geistige Verbrüderung mit der Welt bei uns fort. Wir erlebten es ja selber: Zola, Ibsen und Björnson, Strindberg und die Lagerlöf. Dostojewski, Tolstoi und Gorki, Knut Hamsun ganz besonders, nicht weniger aber Bernard Shaw, Jack London, Upton Sinclair, Theodore Dreiser und Hemingway – um ganz willkürlich einige zu nennen –, wie gewaltig erweiterte sich ihr Weltruhm gerade durch mustergültige deutsche Übersetzungen, durch unsere großartige Anteilnahme an ihren Werken!

Das ist unsere wesentlich deutsche Art! Das ist, innerhalb der anderen gesitteten Welt, unsere ganz spezifische Berufung! Diese Tradition müssen wir wiederaufnehmen und weiterentwickeln!« (28f.)

Die deutsche Literatur wird hierbei als Ergebnis von Übersetzungen angesehen. Dahinter steckt eine Vorstellung deutscher Kultur als einer Übersetzungskultur. Modelle, Stilarten und ästhetische Kanons entlehnten deutsche Literaten aus fremden Kulturen. Deutsche Art besteht darin, neue Kenntnise und Anregungen aus anderen Literaturen zu entwickeln. Laut Graf findet eine derartige Weiterentwicklung erst dann statt, wenn eine Wiederaufnahmedisposition bei den Schreibenden existiert. Kommunikation zwischen einander fremden Literaturen legt die Basis für interkulturellen Austausch. Und das Exil liefert dafür die Anreize.

»Nie ist mir das klarer geworden als im Exil, und das ist auch einer der Gründe, weswegen ich meinem Schicksal dankbar bin, daß es mich zum Emigranten hat werden lassen. Emigrant sein hieß für mich allerdings stets, sich innerlich bewähren. Es hieß, sich beständig auseinandersetzen mit dem, was man geistig und gefühlsmäßig mitbekommen, und mit dem, was unablässig als scheinbar Fremdes in diesen seelischen Bezirk einströmte. Das erzeugte in jedem einzelnen von uns oft weit gefährlichere Krisen als der tägliche materielle Existenzkampf. Gerade jene Emigranten, die sehr stark mit allem, was ihnen Heimat im weitesten Sinne bedeutete, zusammenhingen, gerade diese zutiefst im Deutschen Verwurzelten standen oft jahrelang vor der Gefahr der Verengung. Sie waren unfähig, das Fremde in sich zu verarbeiten, ja sie wehrten sich oft, es unvoreingenommen aufzunehmen! Dieses trotzige Abschließen sah mitunter einer uneingestandenen nationalen Überheblichkeit verteufelt ähnlich, und das Bedrohliche war, daß diese Menschen garnicht merkten, wie sie langsam hinabsanken in die schauerlichste Vereinsamung, in eine innere Ödnis, in welcher man auf keine Frage mehr eine Antwort erhält.« (29) Wie sehr Graf Recht hat, ist an der Zahl der Selbstmorde erkennbar. Tucholski, Toller, Stefan Zweig und Klaus Mann sind Beispiele, an die er sich erinnert, wenn er von der ›Verengung‹ redet. Selbstmord drückt ja auch die Unfähigkeit aus, sich den eigenkulturellen Grenzen zu entziehen.

Graf dagegen bleibt eine positive Ausnahme, insofern es ihm gelingt, das Eigenkulturelle dialogisch mit dem Fremdkulturellen auszugleichen. Bei ihm verbinden sich die deutsche Geschichte – vor allem ihre literarische Tradition – mit dem Exil, der Erfahrung der Multikulturalität und der Vielfalt seiner Kontexte. In dem kurzen Essay »Warum werden die Dichter übergangen? Vorschlag an die US-Militärregierung in Deutschland zum Goethejahr 1949«[19] hat er das deutlich gemacht. Das »tiefere persönliche Kennenlernen amerikanischer und deutscher Autoren wäre sicher eine fruchtbare Chance für die geistige Zusammenarbeit der nächsten Zukunft. Denn wer ist denn mehr ein Mittler zwischen den Völkern, wer erfühlt denn mehr im ›Fremden‹ die Seele, mit der wir uns alle gleichen, als der Dichter?« (245)

Dieser Vorschlag, den Graf zum Goethe-Jahr macht, erinnert an Goethes Weltliteraturprojekt und stellt Graf in eine große Tradition. Bei seinen »Allgemeinen Betrachtungen zur Weltliteratur«[20] betont Goethe die Vermittlungsfunktion der Schreiben-

---

[19] Vgl. Anm. 7, S. 243–245.
[20] J.W. Goethe, Allgemeine Betrachtungen zur Weltliteratur. 1827–30. In: Schriften zur Literatur. Zweiter Teil. (dtv Gesamtausgabe 32. Nachw. W. Herwig. München 1962. S. 264–272.

den bei Annäherungen der Völker. Er vertritt die Auffassung, dass die »lebendigen und strebenden Literaten einander kennenlernen und durch Neigung und Gemeinsinn sich veranlasst finden, gesellschaftlich zu wirken«[21]. Beide Autoren setzen sich also für eine Vermittlungsfunktion ein. Während Graf dies für den interkulturellen Dialog der Nachkriegszeit fordert, sah Goethe im Rahmen seines Weltliteraturprojekts eine derartige Funktion sehr viel weiter; wie Leo Kreutzer betont hat[22], führt sie zu einem erweiterten und beschleunigten Austausch von Waren, Nachrichten, Ideen sowie von Lebensformen und -bedürfnissen – zu einem Austausch, der auf Wechselseitigkeit und gegenseitiger Achtung beruht.[23]

Grafs eigenes Verdienst besteht darin, die kulturelle und poetische Alterität[24] fruchtbar gemacht zu haben. Der Literatur schreibt er exemplarisch eine erkennende und sensibilisierende Funktion zu. Er sensibilisiert in »An manchen Tagen« für kulturelle Differenzen und vermittelt eigen- und fremdkulturelle Kulturinhalte und Formen. Sofern Literaturen aus verschiedenen Kulturkreisen miteinander kommunizieren und voneinander lernen, bilden Interkulturalität und Intertextualität zwei Seiten ein und derselben Medaille. Der Rückgriff auf parallele Biografien, auf Literatur- und Kulturkontexte erweist sich als unabdingbar. Die Inszenierung des Eigenkulturellen wird nicht als negative Herausforderung empfunden, obwohl Sprachbarrieren gegenwärtig sind. Dass der Autor hier die Doppelperspektive von Beobachter- und Mitspielerrolle übernimmt, ist augenfällig. Graf versteht sich daher als Vermittlungsinstanz. Darin liegt für mich das spezielle Potenzial seines Werkes.

---

[21] ebd. S. 265.
[22] Leo Kreutzer, Sprache und Literatur diesseits und jenseits der Nation. In: Moustapha Diallo und Dirk Göttsche (Hg.), Interkulturelle Texturen. Afrika und Deutschland im Reflexionsmedium der Literatur. Bielefeld 2003. S. 267–283.
[23] ebd. S. 274f. – Ich spiele auf die Punkte 1-4 von Kreutzers 7 Punkten an.
[24] Vgl. Anm. 11.

Walter von Reinhart
Apokalyptische Erfahrungen und utopische Hoffnung
Oskar Maria Grafs »Die Erben des Untergangs«

Entstehungsgeschichte

In seinen autobiografischen Schriften betont Oskar Maria Graf an mehreren Stellen, dass für ihn »so ein Buch, wenn es einmal da ist, vollkommen vergessen« sei (AmT 356). Er verweist mehrmals auf Episoden, in denen ihm Freunde Szenen und Geschichten aus seinen Werken erzählen, die er jedoch nicht erkennt und fasst seine Einstellung zu seinen Büchern in den Worten zusammen:
»Wichtig ist alles bloß, solange man dran arbeitet, die Worte überlegt, die Sätze formuliert – ist das Buch gedruckt und unter den Leuten, dann ist's weg, fremd und vergessen.« (AmT 356)

Graf betont ebenso, dass er eigentlich »überhaupt kein Schriftsteller, sondern ein ausgesprochener Stegreiferzähler ungefähr in der Art herumwandernder Scholaren aus früheren Zeiten« sei (GvA 18), und weist darauf hin, dass er »vom mündlichen Erzählen am meisten gelernt« habe (GvA 19). Obwohl der Einfluss mündlicher Erzähltraditionen auf Graf unverkennbar ist, wäre es verfehlt, diese Aussagen Grafs einfach für bare Münze zu nehmen. Graf ist keineswegs ein naiver Volkserzähler, sondern ein sehr bewusster Schriftsteller, der seine Werke sehr sorgfältig konstruiert und aufbaut.[1] Obwohl Graf angibt, dass ihm »das Abfassen und Schreiben vieler kleinerer und größerer Arbeiten leicht von der Hand« gehe, hat er nach eigenem Bekenntnis bei der Überarbeitung und Revision mancher Texte »doch fast Blut und Wasser geschwitzt« (GvA 18).
Geradezu als Musterbeispiel für Grafs intensives Ringen mit ei-

---

[1] In seinem Roman »Die Flucht ins Mittelmäßige: Ein New Yorker Roman« problematisiert Graf den Unterschied zwischen Erzählen und Schreiben recht ausführlich in der Gestalt des Martin Ling.

nem Stoff kann »Die Erben des Untergangs« dienen. Die Arbeit an diesem Werk zieht sich über mehr als ein Jahrzehnt hin. Bereits im Jahre 1942 arbeitet Graf an diesem Werk, dessen Urfassung den Titel »Die Entdeckung der Welt« trägt.² Graf kann jedoch zuerst für das Manuskript, das unter anderem Hitlers Selbstmord nach dem Zusammenbruch seiner letzten Offensive voraussagt, keinen Verleger finden. Nach 26 Absagen von Verlagen unterbricht er die Arbeit an diesem Projekt (Johnson 368) und nimmt erst nach dem Ende des Zweiten Weltkrieges die Arbeit an dem Roman wieder auf. Nach intensiver Überarbeitung in den Jahren 1946/47 erfolgt 1949 die erste Veröffentlichung unter dem Titel »Die Eroberung der Welt. Roman einer Zukunft«. Doch auch mit dieser Fassung ist Graf noch nicht zufrieden. Er teilt Wieland Herzfelde in einem Brief am 12. Januar 1952 mit, dass er den Roman zwar »gedanklich richtig, aber rein gestalterisch-literarisch doch nicht ganz gelungen finde« und äußert die Hoffnung: »Vielleicht komme ich noch einmal dazu, es völlig umzuarbeiten« (564). Trotz dieser Absicht nimmt Graf jedoch nur unwesentliche Korrekturen an seinem Werk vor, das – im wesentlichen nur um eine »Kleine, notwendige Vorbemerkung« erweitert – 1959 unter dem Titel »Die Erben des Untergangs. Roman einer Zukunft« erscheint.³

Einband der 1959 erschienenen Erstausgabe der »Erben des Untergangs«, Neufassung der »Eroberung der Welt« (München 1949).

---

² Mersmann teilt mit, dass das Typoskript in Grafs Nachlass auf dem Deckblatt ursprünglich den Titel »Das kommende Recht« trägt, der jedoch handschriftlich gestrichen ist (249, Anm.1).
³ Diese Fassung ist auch die Grundlage der beiden Ausgaben gleichen Titels, die 1982 in Frankfurt von der Büchergilde Gutenberg und 1985 vom Süddeutschen Verlag München im Rahmen der Gesamtausgabe von Grafs Werk publiziert werden.

Die lange Arbeit am Roman erklärt sich aus der Bedeutung, die Graf diesem Werk zumaß. Gerade von diesem Roman versprach sich Graf bleibende literarische Geltung. In einem Brief vom 4. April 1944 an Gustav Fischer bemerkt er: »Ich schreibe an diesem dritten Roman ganz in dem Gefühl, dass er weit, weit länger lebt als vieles, was heute als wichtig gilt« (zitiert nach Recknagel 266). Trotz intensiven Ringens mit dem Stoff – in einem Brief vom 18. Mai 1943 an Gustav und Else Fischer beklagt sich Graf, der Roman habe ihm »alles genommen: Kraft und Sammlung« (Briefe 170) – hat sich dieser Wunsch nicht erfüllt. »Die Erben des Untergangs« werden heute »unter dem Aspekt des ästhetischen Eigenwerts« schlichtweg als Grafs »schwächstes Buch« bezeichnet (Bollenbeck OMG 126) oder etwas milder als »achtbarer, aber letztlich doch unbefriedigender Versuch« (Recknagel 328) beziehungsweise als »a noble failure« (Johnson 403).

Erzählhaltung und Grobstruktur

Die Erzählweise der »Erben des Untergangs« ähnelt stark der des Romans »Erfolg« von Grafs Landsmann Lion Feuchtwanger, den Graf in einem Brief unmittelbar nach Abschluss der Erstfassung als »meisterhaft« bezeichnet und von dem er sagt, er mache ihn ganz kleinlaut (Briefe 174). Genau wie Feuchtwanger aus fingierter geschichtlicher Perspektive die Geschichte des Unrechts im Staate Bayern schreibt, stellt Graf aus historischer Distanz die Eroberung der Welt rückblickend dar. Ähnlich wie Feuchtwanger, der in kurzen, in die eigentliche Romanhandlung eingestreuten Kapiteln die gesellschaftlichen Rahmenbedingungen der Handlung beschreibt[4], verfährt auch Graf, der immer wieder in allgemeinen Zügen, aus fiktiver historischer Distanz, die gesellschaftliche, politische und ökonomische Entwicklung darstellt. Wie bei Feuchtwanger folgen diesen allgemeinen Diskursen dann kurze, prägnante Szenen, in denen das Dargestellte am individuellen Einzelfall verdeutlicht wird. Als Beispiel für diese Erzählweise kann die Einführung des »Hohen Rates« im Roman dienen. Die Entstehung dieses Gremiums wird in einem

---

[4] Als Beispiel sei hier Feuchtwangers »Kurzer Rückblick auf die Justiz jener Jahre« (Erfolg 27–28) angeführt.

historischen Überblick geschildert, gefolgt von einem Bericht über die Auswirkungen, die die Hilfsmaßnahmen des Rates auf die Bevölkerung haben. In direktem Anschluss an diese allgemeine Darstellung findet sich dann die persönliche Konkretisierung an Hand der Vorstellung des Ratsmitglieds Mikkelson.[5] Diese alternierende Perspektive, der Wechsel von makroskopischer Betrachtungsweise zu mikroskopischer, wird im gesamten Werk konsequent durchgehalten. Immer wieder wird die gesamtgesellschaftliche Entwicklung in allgemein-historischen Überblicken von einem allwissenden Erzähler im Zeitraffertempo beschrieben, wird der politische und wirtschaftliche Werdegang kurz umrissen; im direkten Anschluss folgen dann kleinere oder größere Episoden, in denen die Auswirkungen dieser Entwicklungen am Einzelnen exemplarisch dargestellt werden. So werden im apokalyptischen Vorspiel die Verwüstungen durch den Atomkrieg am Beispiel einer anonymen Masse geschildert, während das zweite Kapitel »Stirb und Werde ...« das Gleiche noch einmal auf individueller Ebene am Beispiel der späteren Siedlergemeinschaft Flusstal aufzeigt.[6] Bollenbeck sieht in dieser narrativen Strategie einen Beleg für Grafs Provinzialismus und seine Überzeugung, »daß aus der Sicht des Provinzalltags, im Leben wie in der Literatur, Geschichte als großes Ereignis immer von außen eindringt, daß aber die wesentlichen kleinen Veränderungen immer in der Provinz stattfinden« (21).

Zur Schilderung größerer geschichtlicher Zusammenhänge bedient sich Graf einiger narrativer Hilfsmittel, die sich ebenfalls bereits bei Feuchtwanger finden. Zum Einen greift Graf in seinen Überblicken, genau wie sein Vorbild, häufig auf demographische Daten zurück. Zum Anderen finden sich in der »Eroberung der Welt« wie in »Erfolg« zahlreiche Verweise auf fingierte zeitgenössische Chronisten. Diese Technik verwendet Graf bereits im apokalyptischen Vorspiel:

---

[5] Der Perspektivwechsel vom abstrakten historischen Überblick zur konkreten Darstellung Einzelner weist deutliche Parallelen zu Feuchtwangers Kapitel »Politiker der bayrischen Hochebene« auf (Erfolg 60–61).
[6] Davis kritisiert den Perspektivenwechsel jedoch als häufig »strained and contrived« (38) und konstatiert: »Graf's transition at times lacks all subtlety« (41, Anm. 52).

»Unsere Welt ist endgültig zur Wüste geworden«, schreibt ein einsichtiger Chronist jener Zeiten. »Zu einer Wüste, die zwar durch Technik und Forschung völlig erschlossen ist, aber dennoch auf lange Zeit eine Wüste bleiben wird« (17/18).

Ergänzt wird dieses narrative Verfahren durch den häufigen Verweis auf fingierte geschichtliche Quellen, der sich ebenfalls bereits bei Feuchtwanger aufzeigen lässt. So verweist Graf in späteren Kapiteln des Öfteren auf die berühmte »Globalhistorie« des Professors Tim Volander (EW 407), um die politische Entwicklung des Rates rückblickend aus der Perspektive des Historikers darstellen zu können. Auch die politischen Vorgänge in Peacetown werden von Graf häufig durch den Verweis auf eine »Geschichte des Hohen Rates« kommentiert.[7]

Obwohl verschiedene Forscher kritisieren, dass dem Roman eine klare Struktur fehle (Glaw 49; Schoeller 475), weisen »Die Erben des Untergangs« eine klare und eindeutige Gliederung in drei Teile auf. Den Auftakt des Romans bildet das apokalyptische Vorspiel, in dem Graf seinen Lesern die Verwüstung der Erde durch einen atomar geführten dritten Weltkrieg eindeutig vor Augen führt. Die Vernichtung aller Ordnungs- und Herrschaftssysteme in einem atomaren Krieg stellt zum Einen eine plausible historisch-fiktive Grundlage für die Neuordnung der Welt her. Zum Anderen führt das Vorspiel das zentrale Thema des Romans ein: die Wiedergewinnung der zerstörten Heimat (Davis 30). Angesichts der furchtbaren Verwüstungen fragt sich der Erzähler: »Wo kein Stein mehr auf dem anderen liegt, kein Baum mehr schattet, kein Acker mehr trägt und jede Nähe und Ferne wüstenleer entgegengähnt – was soll da der Mensch? Sinnlos treibt es ihn weiter. Es gab überhaupt keine Heimat mehr. Noch nicht einmal eine Zuflucht. Das war das Ende« (EW 21–22).

Der Handlungsbogen spannt sich dabei von der absoluten Heimatlosigkeit der wandernden Nomadenhaufen im apokalyptischen Vorspiel bis zur Verwirklichung des Mottos der neuen Weltverfassung: »Der Mensch ist frei, und sein Feld ist die Welt« (EW 584). Heimat darf in diesem Kontext allerdings nicht als nationaler Begriff verstanden werden, sondern muss

---

[7] Leider fehlt Grafs Verweisen auf fingierte historische Quellen die köstliche Ironie Feuchtwangers, die dessen Werk so lesenswert macht.

als utopischer Begriff im Sinne Blochs »Das Prinzip Hoffnung« interpretiert werden:

»Der Mensch lebt noch überall in der Vorgeschichte, ja alles und jedes steht noch vor der Erschaffung der Welt, als einer rechten. Die wirkliche Genesis ist nicht am Anfang, sondern am Ende, und sie beginnt erst anzufangen, wenn Gesellschaft und Dasein radikal werden, das heißt sich an der Wurzel fassen. Die Wurzel der Geschichte aber ist der arbeitende, schaffende, die Gegebenheiten umbildende und überholende Mensch. Hat er sich erfasst und das Seine ohne Entäußerung und Entfremdung in realer Demokratie begründet, so entsteht in der Welt etwas, das allen in die Kindheit scheint und worin noch niemand war: Heimat« (Prinzip Hoffnung 1628).

Der Aufbau dieser neuen Heimat ist Gegenstand des zweiten und dritten Teiles des Textes. Im zweiten Teil des Textes schildert Graf den Aufbau einer Weltföderation auf sozialistischer Grundlage, deren Leistungen und Errungenschaften am Beispiel der Agrostadt Flusstal verdeutlicht werden. Der Bestand des neuen Staatsgebildes ist jedoch durch eine nationalistische Verschwörung gefährdet, die erst durch den Einsatz einer neuentwickelten Superwaffe niedergeschlagen werden kann. Ein apokalyptisches Zwischenspiel beschreibt die Abriegelung und Vernichtung des ganzen asiatischen Kontinents, die die endgültige Niederlage und die Bestrafung der überlebenden nationalföderalistischen Verschwörer einleitet. Im dritten Teil des Textes wendet sich Graf dann der inneren Entwicklung der Menschen zu, die er anhand der Sekte der Stillen und des Papstes darstellt. Erst durch eine grundlegende geistige Veränderung des einzelnen Menschen lässt sich Grafs Ideal einer friedlichen, provinzialisierten Welt verwirklichen.

Utopische und apokalyptische Aspekte

Bereits dieser kurze Überblick macht deutlich, dass »Die Erben des Untergangs« aus zwei utopischen Teilen besteht, die jeweils durch ein apokalyptisches Vor- bzw. Zwischenspiel eingeleitet und ermöglicht werden. Der zweite und dritte Teil des Romans weisen dabei durchaus die drei Momente auf, die Seeber als konstitutiv für die Gattung Utopie betrachtet:

1. Entwurf einer alternativen Ordnung des menschlichen Zu-

sammenlebens, [...] das im Vergleich zur jeweiligen Ursprungsgesellschaft besser (positive Utopie) oder schlechter (negative Utopie), zumindest aber ›anders‹ und hypothetisch möglich sein muss.
2. Die andere Ordnung verweist (explizit oder implizit) kritisch auf die Missstände der jeweiligen Entstehungszeit (utopische Intention).
3. Rhetorik der Fiktion, die durch die Versinnlichung des Abstrakten [...] dem Entwurf die Illusion des Wirklichen und ›Wahrscheinlichen‹ gibt [...] (Einleitung 17).

Die ursprüngliche utopische Intention Grafs lässt sich in der »Kleinen Vorbemerkung« zur ersten Fassung des Romans, die zwischen Juni 1942 und Januar 1943 geschrieben wurde, problemlos erkennen: »Seit dem Beginn dieses zweiten, schrecklichsten Weltkrieges ist der Geist der Menschheit in die größte Unruhe geraten: Er will wissen, wie der Krieg endet und was nach ihm wird [...] Dieser Roman schildert einen solchen Neuaufbau – seine grenzenlosen Schwierigkeiten und sein mögliches Ziel« (Entdeckung 11).

Zu dieser ursprünglichen Absicht, den Aufbau einer friedlichen Gesellschaft nach dem Ende des Zweiten Weltkriegs als möglich darzustellen, gesellt sich nach den Atombombenabwürfen auf Hiroshima und Nagasaki jedoch noch ein zweites Motiv: Die Absicht, vor einem dritten Weltkrieg und dem nuklearen Holocaust zu warnen.[8] Graf gestaltet seine Warnung vor den Folgen eines atomaren Weltkrieges vor allem im ersten Kapitel des Romans, das den Titel »Das apokalyptische Vorspiel« trägt. Die Eindringlichkeit, mit der Graf vor den Folgen eines nuklear geführten Krieges warnte, trägt ihm unter anderem die Anerkennung Albert Einsteins ein.[9]

---

[8] Graf hielt nach dem Zweiten Weltkrieg einen atomaren dritten Krieg durchaus für möglich und setzte sich Zeit seines Lebens für eine Ächtung atomarer Massenvernichtungsmittel ein, zuletzt in einem offenen Brief an Papst Paul VI.; siehe hierzu Düver S. 101–102 und Recknagel S. 328–29.

[9] In einem Brief, der in allen Ausgaben des Textes sowohl im Original als auch in deutscher Übersetzung abgedruckt ist, bezeichnet Einstein den Roman als »an essential contribution to the overcoming of the fatal indifference of the public with regard to the great international problem of our time.« Einstein lobt in seinem Schreiben jedoch auch den utopischen Aspekt des Textes, wenn er betont, »the book is also constructive with respect to a possible solution« (EW ohne Seite).

Albert Einstein an Oskar Maria Graf

Herrn Oskar Maria Graf
34 Hillside Ave.
New York 34, N.Y.

Lieber Herr Graf!

    Ich habe das Manuskript Ihres neuen Romans mit großem Interesse gelesen. Das Buch zeigt den tiefen Ernst der gegenwärtigen Menschheits-Situation mit einer Überzeugungskraft, wie sie nur ein wahrer Dichter besitzt, und ich glaube, daß es wohl einen dauernden Einfluß ausüben kann. Eine amerikanische Herausgabe dieses Buches würde ein wesentlicher Beitrag zur Überwindung der gefährlichen Gleichgültigkeit des Publikums in bezug auf die großen internationalen Probleme unserer Zeit sein. Das Buch ist auch konstruktiv, da es eine mögliche Lösung zeigt.
Mit freundlichen persönlichen Empfehlungen
                         Ihr ergebener
                         Albert Einstein

(Übersetzung des Originalbriefes aus dem Englischen)

Brief Albert Einsteins an OMG vom 13.11.1947, den der Autor nach Widmung – Den Nachkommen! – und den beiden Motti in der gezeigten Form dem Romantext von »Eroberung« und auch »Erben« voranstellte.

Auch diese Wirkungsabsicht lässt sich als Ausdruck der utopischen Intention verstehen, die sich in der Negation dessen, was sie nicht will, konkretisiert« (Neusüß, Schwierigkeiten 33).
Es ist offensichtlich, dass die Verquickung dieser beiden Intentionen nicht ohne Probleme ist. Die Warnfunktion des apokalyptischen Vorspiels wird durch seine erzähltechnische Funktion stark beeinträchtigt. Die apokalyptische Zerstörungsvision am Romananfang stellt die »abrupte Diskontinuität« dar (Günther 380), die die Nahtstelle zwischen Nicht-Utopie und Utopie bildet. Sie erfüllt die Aufgabe, eine *tabula rasa* zu erzeugen, d.h. die bisherige gesellschaftliche Ordnung zu zerstören, »um Raum für seine Spekulationen über eine künftige Neuordnung der Welt zu schaffen« (Recknagel 321). Daneben markiert diese abrupte Diskontinuität, wie Winter bemerkt, die grundsätzliche Trennungslinie zwischen der »vergangenen Geschichte zur Utopie« und der »Geschichte der Utopie« (»Luxus und Pferdestärken« 142). Die erzähltechnische Notwendigkeit des Vorspiels, das die utopische Entwicklung im weiteren Verlauf des Textes plausibel macht, steht hier in direktem Konflikt mit der Wirkungsabsicht der Warnutopie, die »nicht Anweisung auf das zu Verwirklichende, sondern auf das zu Vermeidende« ist (Schmidt, Kritik der reinen Utopie 11).[10] Aus diesem Grund lehnte der Aufbau-Verlag in Berlin die Veröffentlichung des Manuskripts ab, da es die Schlussfolgerung nahe lege, »die Vernichtung aller materiellen und geistigen Werte im Atomkrieg sei die Voraussetzung für jene Weltordnung, in der der Mensch frei leben kann« (zitiert nach Bauer 324). Hubert von Bechtolsheim, der Literaturkritiker der *Neuen Zeitung*, bemerkt in seiner Rezension der Erstausgabe vom 20. Januar 1951 ein »Unbehagen« an dem Roman, das vor allem daher stammt, dass »ein neuer Weltkrieg stillschweigend vorausgesetzt wird, bevor das neue Leben möglich wird« (zitiert nach Johnson 374). Noch deutlicher tritt die Kritik an diesem grundlegenden Problem des Romans in den Besprechungen anlässlich der Neuveröffentlichung im Jahre 1959 zu Tage. Franz

---

[10] Auffallend in diesem Zusammenhang ist, dass Graf zunächst die Frage nach der Schuld an den Verwüstungen vermeidet: »Ein neuer Krieg raste um den Erdball. Wie und warum er gekommen war, wußte im Grunde niemand« (EW 11).

A. Hoyer, der Rezensent für *Christ und Welt*, moniert z.B. am 7. Mai 1959: »Wenn nicht alles so furchtbar ernst wäre, möchte man sagen: Auf geht's, sehen wir doch schnell zu, dass wir den nächsten Weltkrieg, den totalen nuklearen, hinter uns bringen, damit wir endlich in Frieden und Freiheit leben können (falls wir alles überleben)« (zitiert nach Johnson 396).

Zu den Vorwürfen seiner Kritiker nimmt Graf in der »Kleine[n], notwendige[n] Vorbemerkung« zur zweiten, geringfügig veränderten Ausgabe des Romans, die 1959 unter dem Titel »Die Erben des Untergangs« erscheint, Stellung. Graf betont, dass es sich bei diesem Text »nicht um eine phantastisch konstruierte, nebulöse Utopie handelt, sondern um die erzählerische Ausformung einer durchaus möglichen Entwicklung nach einem totalen Vernichtungskrieg. Das Buch [...] zeichnet nicht wie der Engländer Nevil Shute in seinem Buch ›On the Beach‹ mit eisig-ironischem Pessimismus den Untergang der Menschheit nach einem Atomkrieg, sondern bewahrt ein gewisses Quantum von realistischem Optimismus, indem es voraussetzt, dass es auch nach einer solchen Katastrophe noch ›Erben‹ gibt« (EU 10).

An dieser Stellungnahme löst einmal die Vehemenz Befremden aus, mit der sich der Autor gegen die Klassifizierung seines Textes als utopischer Roman wehrt. Grafs Roman weist durchaus viele Strukturelemente einer literarischen Utopie auf. »Die Eroberung der Welt« stellt jedoch einen Sonderfall des utopischen Romans dar, da Graf seinen utopischen Entwurf nicht von Anfang an als bereits realisierte fiktive Gesellschaft präsentiert, sondern im Sinne einer Gruppenrobinsonade den Aufbau der utopischen Gemeinschaft schildert.[11] Diese Form des utopischen Romans ist relativ selten, da dabei, wie Peter Uwe Hohendahl bemerkt, die Utopie »dem Gesetz des geschichtlichen Wandels unterworfen ist« (Erzählproblem 110).

Zieht man die Unterschiede zwischen der »Eroberung der Welt« und anderen zeitgenössischen utopischen Romanen in Erwägung, so ergibt sich ein weiterer Grund für Grafs Empörung über diese literarische Klassifizierung. Im deutschsprachigen

---

[11] Zum Beispiel verwendet Gerhart Hauptmann diese Strukturform in seinem Roman »Die Insel der großen Mutter«.

Raum dominieren nach dem Ende des Zweiten Weltkrieges Hermann Hesses »Glasperlenspiel« und Franz Werfels »Stern der Ungeborenen« das literarische Genre; im angloamerikanischen Sprachgebiet herrschen dystopische Entwürfe wie George Orwells »1984« und Nevil Shutes »On the Beach« vor. Vor diesem Hintergrund erscheint Grafs Stellungnahme als Versuch, seinen Text von pessimistischen Gesellschaftsmodellen einerseits und von den geistvollen, aber realitätsfernen utopischen Gegenwelten wie Hesses Kastalien und Werfels astromentaler Zivilisation andererseits abzugrenzen. Ebenso deutet die Wahl der Adjektive »phantastisch konstruiert« und »nebulös« zur Charakterisierung des Genres darauf hin, dass Graf mit dem Begriff Utopie das umgangssprachliche negative Konnotat im Sinne von »unrealisierbares Traumland« verbindet.

Noch größeres Befremden an Grafs Stellungnahme löst jedoch die Behauptung aus, die Handlung sei »unmittelbar mit der Realität verknüpft, zieh[e] alle politischen, soziologischen, technischen und psychologischen Wandlungen und Veränderungen, die der letzte Weltkrieg hervorgerufen hat, in Betracht und steiger[e] sie bis ins kaum mehr Fortsetzbare« (EU 10). Der Anspruch, der geschilderte Aufbau einer perfekten Gesellschaft sei keine »effektvoll-geistreiche Utopie,« sondern »lediglich ein handfester Problemroman« (EU 11), erscheint auf den ersten Blick unhaltbar. Analysiert man jedoch den Ursprung der politischen Idealvorstellungen, deren Verwirklichung der Roman schildert, so zeigt sich, dass Graf in »Die Eroberung der Welt« die Erfüllung der anarchistischen Bemühungen darstellt, die er während der Münchner Revolution in der Gruppe »Die Tat« um Gustav Landauer kennen gelernt hatte. Auf den Bezug auf Landauers Vorstellungen weist bereits Recknagel hin, der jedoch Grafs erneute Beschäftigung mit dem Anarchismus als naive Rückkehr zur politischen Ideologie seiner Jugend kritisiert: »... die ›Freiheit des Menschen‹, die so leidenschaftlich von revolutionären Literaten verkündet wurde, war mitsamt der Münchener Räterepublik unter den Stiefeln der konterrevolutionären Freikorps in den blutigen Maitagen des Jahres 1919 zerstampft worden. Aber als sei das alles nie gewesen, kehrt der Autor zu seinem alten utopischen Modell zurück« (324–325).

Der Handlungsverlauf der »Eroberung der Welt« zeigt jedoch

deutlich, dass die Erfahrungen des Jahres 1919, der Weimarer Republik und des Exils an Graf nicht spurlos vorübergegangen sind. Graf berücksichtigt in seinem Text durchaus die politischen Lehren, die er aus diesen Jahren gezogen hat. Der Autor baut seine politischen Erfahrungen konsequent in die Romanhandlung ein und verarbeitet sie in dem utopischen Modell Landauers. Dies lässt sich zum Einen durch den Bezug des Textes auf Grafs Lebenslauf nachweisen, den er vor allem in den autofiktiven Texten »Wir sind Gefangene« und »Gelächter von außen« darstellt; zum Anderen finden sich im Text zahlreiche Verweise auf die Romane »Der Abgrund« und »Unruhe um einen Friedfertigen«, in denen Graf den Aufstieg der Nationalsozialisten und das Scheitern der antifaschistischen Kräfte schildert. Der apokalyptischen Erfahrung des Nationalsozialismus und des Zweiten Weltkriegs stellt Graf in »Die Eroberung der Welt« die utopische Hoffnung einer provinziellen Welt gegenüber. Der Aufbau dieser utopischen Gesellschaft wird jedoch erst durch die Auswertung und Verarbeitung der apokalyptischen Erfahrung möglich. In diesem Sinne ist Grafs Text durchaus ein »handfester Problemroman«, in dem Graf positive Lösungen zu den politischen Problemen anbietet, die er in seinen anderen Texten darstellt.

Zusammenbruch und Neuaufbau nach Landauers Vorstellungen

Das apokalyptische Vorspiel hat, wie bereits angedeutet, die erzähltechnische Aufgabe, die Beseitigung der alten gesellschaftliche Ordnung plausibel zu machen, die erst den Freiraum für den Neuaufbau der Welt im weiteren Verlauf des Romans schafft. Der Krieg hat jedoch gegenüber dem voran gegangenen Zweiten Weltkrieg eine qualitativ neue Dimension angenommen: er »war kein Menschenkrieg mehr. Die Elemente schienen auf die Erde niedergebrochen zu sein« (EW 11-12). In seiner Schilderung beschwört Graf ein wahrhaft apokalyptisches Szenarium herauf, in dem neben atomaren auch bakteriologische Waffen und eine Vereisungsbombe Anwendung finden, »die in wenigen Minuten alles bis zur tödlichen Starrheit gefrieren ließen« (EW 13). In eindrucksvollen und starken Bildern, die sich an biblischen Vorbildern orientieren, beschreibt Graf die Verwüstung der Welt:

»Das unterirdische Grollen brach plötzlich in ein peitschendes Krachen und wie ein Fanal des kommenden Weltuntergangs warf eine riesige Feuerwolke Stadt und Land und Meer weitum ins hohe Nichts des Himmels und regnete als sengender Staub wieder hernieder. Erst nach langer Zeit verglommen die fressenden Flammen. Staub und verkohltes Geriesel, soweit das Auge reichte. Häuser und Gärten, Wälder und Wiesen, Menschen und Tiere waren weggeätzt. Ein giftiger Dunst stand über der Stille. Eine nackte Wüste lag leblos da« (EW 13).

Obwohl Graf mit Totalität und Entropie zwei der drei wesentlichen Strukturmomente des modernen Endzeitbewusstseins betont[12], wäre es verfehlt, das Vorspiel als rein apokalyptischen Text zu betrachten. Es fehlt zum Einen das für einen apokalyptischen Text konstitutive Strukturmerkmal der Irreversibilität, da es Graf ja gerade darum geht, einen möglichen Neuaufbau nach einer atomaren Katastrophe darzustellen. Es handelt sich schon aus diesem Grund im Vorspiel nicht um eine »kupierte Apokalypse« im Sinne Vondungs, d.h. um eine Vision von der totalen und endgültigen Zerstörung der Welt (12). Das apokalyptische Vorspiel ist allerdings auch keine Apokalypse im traditionellen Sinne einer Erlösungsvision, in der auf die Zerstörung der Welt das Reich Gottes folgt. In einer traditionellen Apokalypse gibt es zwar – wie bei Graf – einen Dualismus zwischen der alten Welt, die verdorben und böse ist, und der neuen Welt, die rein und gut ist. Der Umschlag zwischen beiden Welten erfolgt in der traditionellen Apokalypse jedoch plötzlich und schlagartig. Er »konstituiert ein ›Vorher‹ und ›Nachher‹, zwischen dem es keine Vermittlung, sondern nur den radikalen Umschlag der ›Wandlung‹ gibt« (Vondung 22).[13] Bei der »Eroberung der Welt« dagegen ist der Aufbau einer besseren Gesellschaft ein langsamer und mühevoller Prozess voller Rückschläge und Probleme, der sich durch den gesamten Roman hinzieht. Es ist daher im Kontext des Romans sinnvoller, das »apokalyptische« Vorspiel nicht als endzeitliche Vision zu betrachten, sondern als radikalen Zusammenbruch der bisherigen gesellschaftlichen Ordnung.

---

[12] Siehe hierzu Grimm »Einleitung« S. 9–10.
[13] Ebenso fehlt in Grafs Vorspiel das für die traditionelle Apokalypse konstitutive Element des Weltgerichts; siehe hierzu Vondung S. 132–149.

Betrachtet man das Vorspiel in diesem Sinne, so ergibt sich eine Situation, die durchaus mit der Lage Deutschlands im Jahre 1919 vergleichbar ist, in dem Gustav Landauer seinen »Aufruf zum Sozialismus« schrieb: »Der Zusammenbruch ist da, Rettung kann nur der Sozialismus bringen, der nun wahrhaftig nicht als Blüte des Kapitalismus erwachsen ist, sondern als Erbe und verstoßener Sohn vor der Türe steht, hinter der der Leichnam des Vaters verwest; der Sozialismus, der nicht in einem Höhepunkt des Nationalreichtums und üppiger Wirtschaft als Feiertagsgewand über den schönen Leib der Gesellschaft gezogen werden kann, sondern im Chaos fast aus dem Nichts geschaffen werden muss« (AS 8).

Genau wie Landauer den Aufbau des Sozialismus als einzig mögliche Rettung nach dem Zusammenbruch des wilhelminischen Deutschland bezeichnet, zeigt Graf in seinem Roman den Aufbau einer sozialistischen Gesellschaft als einzige Möglichkeit für eine friedliche Welt nach den Verwüstungen eines atomar geführten dritten Weltkrieges. Auf diese Parallele zwischen der Eroberung der Welt und Landauers Vorstellung vom Sozialismus als »Erbe und verstoßener Sohn« des Kapitalismus verweist der Titel der zweiten Ausgabe des Romans »Die Erben des Untergangs« in noch stärkerem Maße.

Ganz klar und deutlich werden die Bezüge auf Landauer am Ende des zweiten Kapitels »Stirb und werde.« Den umherziehenden Nomadentruppen wird von den Soldaten des neugebildeten Hohen Rates der Boden zur Bearbeitung überlassen und Saatgut übergeben. Diesen Beginn der ersten Agrostadt Flusstal kommentiert der Erzähler mit den Worten: »Wie hatte vor langer, langer Zeit einmal ein vielverlachter Mann gesagt? ›Hunger und Hände und Erde sind da! Alle drei sind von Natur aus da! Etwas Entscheidendes geschah: Zum Boden, der seit jeher allen Anfang birgt, hatten die Geretteten zurückgefunden.‹ Und Heimat war auf einmal die ganze Welt!« (EW 45).

Das Zitat des vielverlachten Mannes stammt aus Gustav Landauers »Aufruf zum Sozialismus«.[14] In direktem Anschluss an die zitierte Stelle bezeichnet Landauer dann die Neuverteilung

---

[14] Landauer wiederholt dieses Zitat mehrmals leitmotivisch auf den Seiten 132–134.

des Bodens als Grundvoraussetzung für den Aufbau des Sozialismus:

»Die Erde müssen wir wieder haben. Die Gemeinden des Sozialismus müssen den Boden neu aufteilen. Die Erde ist niemandes Eigentum. Die Erde sei herrenlos; dann nur sind die Menschen frei.« (AS 134)

Die Neuverteilung des Bodens erfolgt in Grafs »Die Eroberung der Welt« durch den Hohen Rat, das wichtigste Gremium der zukünftigen Weltregierung. Der Rat setzt sich aus zwei ehemaligen Delegierten der einstigen »Vereinten Nationen« zusammen und aus »mehr oder weniger wichtige[n] Unterbeamte[n] und Berater[n], die zufällig [...] der Katastrophe entgangen waren« (EW 62). Dieses fast privat anmutende, durch keine Wahl legitimierte Gremium trifft sich »täglich ohne jede Förmlichkeit und wie zu einer bedeutungslosen Versammlung« (EW 63) und kann sich ursprünglich nur dank der Unterstützung der Armee behaupten. Graf betont ausdrücklich, dass es sich bei den Ratsmitgliedern nicht um »politische Genies« handelt, sondern um »Menschen mit einem nüchternen, praktischen Hausverstand« (EW 64). Die Ratsmitglieder haben alle »das Grauen des Krieges in irgendeiner Weise miterlebt« und durch diese Erfahrung ist ihnen »all ihr Vergangenes – die Merkmale ihrer Herkunft und ihr national Besonderes – gleichsam erblindet« (EW 63). Für den Neuaufbau der Welt erscheint dem Rat die Dezentralisation als »der einzig gangbare Weg« (EW 71). Außer dieser Ablehnung des nationalstaatlichen Zentralismus hat der Rat kein klares politisches Programm für den geplanten Neuaufbau der Welt. Einzig das Ziel seiner Bestrebungen steht fest: »Frieden wollte der Rat! Festigung und Ordnung wollte er« (EW 66). Der Rat erscheint im Roman nicht als politisch motiviertes Gremium, sondern als lose Gruppierung von Individuen, die einzig durch ihre gemeinsame Zielsetzung zusammengehalten werden.

Bereits Gerhard Mersmann hat den unpolitischen Charakter des Rates bemerkt, den er treffend als eine »Vereinigung moralischer Instanzen« bezeichnet (90). Das eigentliche Ziel des Rates ist in der Tat ein geistig-moralisches: der Aufbau der neuen Gesellschaft aus dem neuen Geist, aus dem, nach Landauer, der Sozialismus gebaut, errichtet und organisiert werden muss.

Das Ratsmitglied Mellnikow beschreibt die Situation des Rates zutreffend: »Aus dem Heutigen wollen wir heraus, ins Gestrige führt kein Weg zurück, und von Morgen hat noch keiner eine brauchbare Vorstellung« (EW 71–72). Nicht die pragmatische Durchsetzung eines politischen Programms, sondern die geistige Neugestaltung der Welt von Morgen ist daher die Aufgabe des Rates.

Konsequenterweise beschränken sich die Aktionen des Rates daher zuerst auf das Organisatorische, das Verwalten und Verteilen der noch vorhandenen Güter. Das Ratsmitglied Mikkelson beschreibt die Arbeit des Rates mit den spöttischen Worten: »Wir sammeln und stapeln, was noch da ist, und wir verteilen wieder ... Autorität haben wir keine. Man respektiert uns nur, solange wir was bieten können. Über dieses fragwürdige Stadium sind wir noch nicht hinausgekommen ... Wie gesagt, wir sind eine Hilfsorganisation! Wenn unsere Vorrate erschöpft sind, ist's aus mit uns.« (EW 70–71)

Diese Betonung der sozialen Verteilerfunktion des Hohen Rates deckt sich mit den Vorstellungen des Anarchisten Pierre Joseph Proudhon, den Landauer in seinem »Aufruf zum Sozialismus« ausgiebig zitiert. Proudhon betont, dass die Revolution bestimmt sei, der Regierung eine Ende zu machen. Ihre Aufgabe sei es, »an die Stelle der Politik die Soziale, [...] die Wirtschaftszentrale zu setzen, die nicht Herrschaft über Personen, sondern Regelung von Geschäften ist« (zitiert nach AS 103).

Neben der wirtschaftlichen Verteilungsfunktion beschäftigt sich der Rat allerdings auch mit der Verfassung des entstehenden Staatsgebildes und mit anderen politischen Fragen, die die Neuordnung der Welt betreffen. Auch in den politischen Entscheidungen des Rates folgt Graf in wichtigen Punkten dem Programm, das Landauer in seinem »Aufruf zum Sozialismus« formuliert hat. Die wichtigste politische Entscheidung des Rates ist es, das Privateigentum am Boden aufzuheben und den Boden den sich bildenden Siedlergemeinden zur kollektiven Bearbeitung zu überlassen. Die Kollektivierung des Bodenbesitzes ist die Grundlage der Neuordnung der Welt. Sie ist, wie Landauer formuliert, der Punkt, »wo Staat und Gesellschaft, Politik und Sozialismus sich mit Notwendigkeit berühren, wo eine soziale Entscheidung nur mit den letzten Mitteln der Politik getroffen werden kann: das ist das [...] Privateigentum am Boden« (Revolution 115). Die Neuverteilung des Bodens an die Siedler durch den fast apolitischen, aber dafür geistigen Hohen Rat erscheint geradezu als direkte Umsetzung von Landauers Diktum: »Land und Geist also – das ist die Losung des Sozialismus« (AS 140).

Auch die beiden anderen grundlegenden politischen Entscheidungen des Rates reflektieren Landauer'sches Gedankengut. Nach längeren Debatten führt der Rat eine Währungsreform durch, die allerdings einer Enteignung allen vorherigen Besitzes gleichkommt. Alle bisher im Umlauf befindlichen Währungen werden entschädigungslos außer Kraft gesetzt und durch ein deckungsloses Zahlungsmittel ersetzt. Die Einheit der neuen Währung ist die Arbeitsstunde, der »Empi« (eine Abkürzung für »man power«). Ratsmitglied Dickson beschreibt die Auswirkungen dieser Währungsreform: »Jede andere Währung verschwindet und damit auch jeder frühere Besitz und Wert. Nur die geleistete Arbeit bestimmt und reguliert die Preise« (EW 80). Durch diese Währungsreform verwirklicht der Rat ein weiteres Grundprinzip von Landauers Sozialismus: das »Prinzip, das der sozialistischen Grunderkenntnis entspricht: dass in keinem Haus mehr an Wert zum Verzehr eingehen soll, als in dem Haus gearbeitet worden ist« (AS 137).

Die Gliederung des neuen Staatsgebildes folgt ebenso Landauers Ideen. Die Neueinteilung der Erdoberfläche setzt den ehemaligen Nationalstaaten ein Ende. Aus den Vorkriegsstaaten werden fünfzehnhundert Ratsgebiete, die »völlig abstrakt[e]« Namen wie »Fernöstliches Gouvernement 878« erhalten (EW 91–92). Neben diesen offiziellen Bezeichnungen erhalten sich nur die regionalen Eigennamen für die Siedlergemeinden wie »Flusstal« oder »Sturmwinkel«. Diese Betonung des überschaubar Regionalen und die Abschaffung des Staatsbegriffes hat ihre Quelle bei Landauer, der formuliert: »Die Staaten mit ihren Grenzen, Nationen mit ihren Gegensätzen sind Ersatzmittel für Volks- und Gemeinschaftsgeist, der nicht da ist. Die Staatsidee ist ein nachgemachter künstlicher Geist, ein falscher Wahn. Zwecke, die nichts miteinander zu tun haben, die nicht am Boden kleben [...] verkuppelt er miteinander und mit einem bestimmten Landgebiet« (AS 19).

Angesichts dieser Übereinstimmungen ist es nicht verwunderlich, dass das resultierende Staatsgebilde weitgehend mit

Landauers Vorstellungen übereinstimmt.[15] Graf beschreibt die Verfassung des neuen Weltstaates folgendermaßen: »Das Fundament der Weltföderation bilden die verwaltungs- und gerichtsautonomen Agrogemeinden, in welchen Bauern, Arbeiter und Intellektuelle gleicherweise Besitzer und Nutznießer von Grund und Boden und aller Produktionsmittel sind« (EW 168). Hier findet sich ein deutlicher Anklang an die »12 Artikel des Sozialistischen Bundes« vom 14. Juni 1908, besonders an den ersten Artikel: »Die Grundform der sozialistischen Kultur ist der Bund der selbständig wirtschaftenden, untereinander in Gerechtigkeit tauschenden Wirtschaftsgemeinden« (AS ohne Seite).

Die Verarbeitung von Grafs politischen Erfahrungen im Roman

Graf selbst war mit Landauers anarchistischen Theorien durch seinen Verkehr in der Gruppe »Tat« während der Münchner Räterepublik sehr gut vertraut. Nach der Niederschlagung der Revolution durch Freikorps und weiße Truppen versuchte Graf Landauers Konzept eines agrarisch orientierten Sozialismus sogar selbst in die Tat umzusetzen. Im Sommer 1919 gründete er zusammen mit seinen Freunden Pegu (Paul Guttfeld) und Georg Schrimpf einen »Bund freier Menschen«, dessen Hauptziel die Gründung von »Siedlungen auf rein sozialistischer Grundlage« war. Der auch von Graf unterstützte Versuch zweier Genossen, eine solche sozialistische Mustersiedlung aufzubauen, scheiterte jedoch kläglich: »Leider hatte keiner von ihnen eine Ahnung von Bauernarbeit, die Siedlung wurde Unterschlupf verfolgter Revolutionäre, und zuletzt musste sie wieder aufgegeben werden« (Gefangene 439).[16]

Die von Landauer stammende Idee der sozialistischen Dorfgemeinde als Grundlage des neuen Staates modifiziert Graf dann aufgrund der Erfahrungen, die er während seiner Reise in die

---

[15] Recknagel betont hierzu: »Die örtlichen Selbstverwaltungen der ›Erben‹, die fast autonome Funktion besitzen, entsprechen ziemlich genau den Bestrebungen Leo Tolstois und Gustav Landauers« (324).
[16] Siehe hierzu auch Recknagel 324. Ebenso besuchte Graf während seiner Reise mit Georg Schrimpf einige Reformsiedlungsprojekte in Italien, die er auch sehr kritisch und satirisch beschreibt; siehe hierzu »Gefangene« 108–127.

Sowjetunion gemacht hatte. Es ist wahrscheinlich, dass Graf den Namen »Agrostadt« aus diesem Zusammenhang übernommen hat, da er in seinem Reisebericht den Besuch einer, allerdings erst im Planungsstadium befindlichen, Agrostadt eingehend schildert (Reise 126). Ein anderer Hinweis darauf, dass Graf einiges in seinen Agrostädten nach russischem Vorbild gestaltet hat, ist die sich durch den ganzen Roman hinziehende Diskussion selektionistischer Experimente zur Verbesserung der Ernteerträge, die große Parallelen zur wissenschaftlichen Diskussion in der Sowjetunion aufweist. Die große Freude und das Volksfest, das auf die Auslieferung von Stiefeln an die Siedler in Flusstal folgt, sind wahrscheinlich ebenso durch Erfahrungen Grafs in der Sowjetunion beeinflusst wie seine Schilderung landhungriger Bauern, die nur mühsam davon abgehalten werden können, mehr kollektives Land zu beanspruchen als sie bearbeiten können.[17]

Allerdings verarbeitet Graf nicht nur Erfahrungen, die er bei seiner Reise in die Sowjetunion gemacht hat, sondern berücksichtigt auch Elemente des amerikanischen Rechtssystems, das er im Exil kennen lernte. Graf verbindet seine Idealform des sozialistischen Dorfes mit demokratischen Elementen westlicher Provenienz und schafft dadurch eine »Verbindung von östlichem Kollektivismus und westlichem Rechtskodex« (Mersmann 90). Die selbständigen Agrostädte wählen nach amerikanischem Muster Sheriffs und Friedensrichter, die für die örtliche Verwaltung verantwortlich sind. Die Vertretung regionaler Interessen wird durch von den Friedensrichtern gewählte Gouverneure übernommen, aus deren Reihen sich das Weltparlament zusammensetzt (EW 117). Die parlamentarische Demokratie wird durch einen unabhängigen Obersten Weltgerichtshof gestärkt, dessen Urteil unwiderruflich ist und dessen Entscheidungen bindend sind. Durch diesen Gerichtshof soll sichergestellt werden, dass die »Ordnung auf der Grundlage des unwandelbaren Rechts, auf der größtmöglichen Gerechtigkeit aufgebaut ist« (EW 440).

Schon diese Vermischung von sozialistischem Gedankengut mit westlichem Demokratieverständnis macht klar, dass Graf anarchistisches Gedankengut nicht unverändert übernimmt. Im Handlungsverlauf der »Eroberung der Welt« zeigt sich auch

---

[17] Vgl. EW 111-114 mit Reise 80 und EW 124 mit Reise 121.

sehr deutlich, dass die Erfahrungen des Jahres 1919 und des Scheiterns der Weimarer Republik an Graf nicht spurlos vorüber gegangen sind. Graf berücksichtigt in seinem Text deutlich die politischen Lehren, die er aus diesen Jahren gezogen hat.

Als wichtigen Grund für das Scheitern der Münchener Räterepublik sieht Graf das Verhalten der Landbevölkerung an, die sich von den restaurativen Kräften ideologisch und militärisch gegen die auf die Hauptstadt München konzentrierte Revolution ausspielen ließ. In einem Brief an Max Stefl vom 10. März 1946 weist Graf darauf hin, wie wichtig es ist, »überhaupt sehr rege Landarbeit zu leisten, damit es nicht wieder kommt wie anno 19 – wo das Land misstrauisch gegen die Stadt stand und sich schließlich zu allem brauchen ließ« (zitiert nach Mersmann 87). Graf geht allerdings nicht davon aus, dass die Landbevölkerung revolutionären Bemühungen prinzipiell ablehnend gegenüber steht. In seinem Roman »Unruhe um einen Friedfertigen« zeigt Graf deutlich, dass die ländliche Bevölkerung die Revolution ursprünglich begrüsste. In diesem Roman gelingt es dem Volksbeauftragten der provisorischen Regierung Joseph Dorfner, die Bauern auf die Seite der Revolutionäre zu ziehen, indem er »mit kenntnisreicher Einfachheit an vielen schlagkräftigen Beispielen die Ruinierung des Bauernstandes durch den Krieg beleuchtete, um schließlich die Revolution zu rechtfertigen« (Unruhe 60). Besonderen Eindruck auf die Bauern macht, dass er »ihnen eingehend das erweiterte Selbstbestimmungsrecht der Gemeinden erklärte und sehr praktische Ratschläge in bezug auf die Durchführung der Bürgermeisterwahl machte. Es fiel wohltuend auf, wie genau er über die meisten Bauern unterrichtet war« (Unruhe 62). Diese anfängliche Unterstützung der Räterepublik hält jedoch nicht lange vor, da die Unruhen in der Stadt die natürliche Ordnung des ländlichen Lebens zu stören beginnen. Als der ausgerufene Generalstreik den Milchtransport zur Genossenschaftszentrale in der Stadt unterbindet, schlägt die Stimmung der Bauern in Ablehnung um: »Ein ganz miserabler Schwindel ist's! ... Wir liefern überhaupt nichts mehr ... Nachher vergeht dem Lumpengesindel gleich der Geist« (Unruhe 70). Dieser Stimmungsumschlag wird dann von den reaktionären Elementen im Dorf sofort zur erfolgreichen Agitation gegen die Räterepublik benutzt. Graf zeigt in »Unruhe« deutlich, dass sich das politische Interesse der Bauern nur auf das erstreckt, wovon sie sich direkten Vorteil versprechen. Die Bauern gehen zu politischen Versammlungen, »weil sie sich manche Nützlichkeiten davon versprachen« und weil sie der Meinung sind, »daß jeder dieser Redner irgendwie nahe mit der Regierung zusammenhänge und imstande wäre, allerhand für sie Ungünstiges abzuschaffen« (Unruhe 76). Sowie die Bauern merken, dass sich die Zustände nicht grundlegend ändern – »in der Zeitung steht, daß das und das zum Gesetz wird und uns Vorteil bringt! Wir spüren nichts davon« (Unruhe 77) –, ziehen sie sich aus der Politik zurück.

In der »Eroberung der Welt« gelingt es den Beauftragten des Hohen Rates zuerst, die Landbevölkerung durch die Lieferung von Lebensmitteln, Maschinen und Saatgut auf ihre Seite zu ziehen. Als sich die Zustände in den Siedlungen der Nomaden etwas normalisieren, beginnt auch die politische Erziehung der neuen Siedler. Die Beauftragten der neuen Regierung »hielten Vorträge im Schulhaus oder im Freien und redeten von einem ›Hohen Rat‹, von einer neuen Gesetzmäßigkeit und von den kommenden Wahlen [...] Sie erklärten dabei allerhand, aber das interessierte wenig« (EW 98).

Auch hier zeigt sich das Desinteresse der ländlichen Bevölkerung an abstrakten politischen Vorgängen und ihre »Skepsis gegenüber jeder Art von Institution« (Mersmann 88). Erfolgreiche politische Bildungsarbeit vermag erst Tom Watson zu leisten, der sich durch seine praktischen Ratschläge und seine Sachkenntnisse bei den Bauern vertraut und beliebt macht: »Tom verstand sich aufs Vieh, kannte jede Feldarbeit und half oft mit. Er gab nützliche Ratschläge und hatte ein geübtes Auge für das, was noch fehlte« (EW 99).[18] Aber selbst nach Toms politischer Aufklärungsarbeit richtet sich das Interesse der Siedler nicht auf das Politisch-Abstrakte, sondern auf das Konkret-Praktische: Vom Kandidaten für das Amt des Friedensrichters wollen sie wissen: »Wie ist das? Kannst du uns Zuchtsäue beschaffen?« (EW 118).

Diesen konkreten Interessen der Siedler wird durch die soziale Verteilungsfunktion des Rates konsequent entsprochen.

---

[18] Die Figur des Tom Watson zeigt deutliche Anklänge an die Figur des jungen Genossen Hochegger, der in Grafs Roman »Der Abgrund« die Möglichkeiten der Landagitation gegen Hitler aufzeigt (160–170).

Die Betonung der praktischen Hilfeleistung des Rates für die Siedler ist eine der Lehren, die Graf aus dem Versagen der sozialdemokratischen Politik der dreißiger Jahre gezogen hat. In Grafs Roman »Der Abgrund«, der das Versagen der deutschen Sozialdemokratie angesichts des Faschismus darstellt, erklärt der alte Genosse Hochegger die Gründe für die Wahlerfolge der Nationalsozialisten so: »Warum laufen denn die Massen diesen gemeinen Schwindlern nach, Genossen? Das ist nicht einfach die Not allein, nein-nein! Das ist – unsere Partei kümmert sich zuwenig ums Wirtschaftlich-Praktische! [...] Dem Arbeiter und Angestellten, dem kleinen Mann muss was Handgreifliches geboten werden! Anregungen haben wir genug gehört, Kommissionen sind da, aber Taten! Taten! [...] Das ist was Praktisches! Das sieht und spürt der Genosse!« (Abgrund 22–23).

In der »Eroberung der Welt« konzentrieren sich die Bemühungen des Hohen Rates gerade auf dieses Wirtschaftlich-Praktische. Dank großer Fortschritte in der Technik gelingt der Aufbau der Agrostadt Flusstal nach dem apokalyptischen Vorspiel relativ schnell. Die Errungenschaften der neuen Gesellschaft zeigen sich deutlich in der euphorischen Beschreibung der neuvollendeten Agrostadt: »›Da lässt sich's leben!‹ sagten die Männer, und ›Herrgott, da schaut!‹ ereiferten sich die jungen Burschen. Moderne schornsteinlose Fabriken, Lehrwerkstätten und Laboratorien, landwirtschaftliche Mustersektionen und Verkaufszentralen, Klubhäuser und Schulen, die notwendigen Amtsgebäude und Krankenhäuser, Bahnhöfe, Flugplätze, Alleen und Parks, Bäder und Sportplätze umschloss so eine Wunderstadt« (EW 148).

In dieser Beschreibung finden sich sowohl Anklänge an die Begeisterung, mit der Graf die Errungenschaften des sozialdemokratischen Wohnungsbaus im »Roten Wien« schildert (Abgrund 323–324) als auch an sein Lob für die Aufbauleistungen der Sowjetunion (Leben meiner Mutter 884).

Der neue Geist

Die technischen und wirtschaftlichen Aufbauleistungen des Hohen Rates führen zu einer neuen geistigen Aufbaustimmung bei den Siedlern. Die grausamen Verwüstungen des apokalyptischen Vorspiels haben die Sinnlosigkeit des Krieges entlarvt. Nach dem massiven Einsatz von Massenvernichtungsmitteln gibt es weder Sieger noch Besiegte mehr, nur noch Überlebende. Die Ratlosigkeit des »Schwejk-Typus« Jankel Rositsch (Mersmann 90) bringt die Sinnlosigkeit des Krieges deutlich zum Ausdruck: »Nicht versteh!! ... Nein, gar nicht! Zu was Krieg, wenn kein Sieg? Nicht versteh!« (EW 34). Jankel ist einer der ersten, bei denen sich der neue Geist äußert, die gewaltige Aufbruchstimmung und der grenzenlose Optimismus, der die Siedler angesichts des Neuaufbaus ergreift: »Huj! Werden wir haben alles! ... Alles! Hujj!‹ sprudelte es über Jankels speichelnasse, bartverhangene Lippen. Es klang, als sähe er, gleich einem verlorenen Wüstenwanderer, dem das jähe Aufscheinen einer Fata Morgana neue, wilde Kraft verleiht, schon saftige Wiesen und wogende Felder« (EW 43).

Die Veränderungen, die diese Aufbruchstimmung in den Menschen auslösen, decken sich mit Gustav Landauers romantischen Erwartungen an den Geist der Revolution: »Der Sozialismus muss gebaut, muss errichtet, muss aus neuem Geist heraus organisiert werden. Dieser neue Geist waltet mächtig [...] alles was feststeht, bis zu Gesinnungen und Leugnungen, kommt ins Wanken; aus dem sonst nur das Eigene bedenkenden Verstand wird das vernünftige Denken und Tausende sitzen oder schreiten rastlos in ihren Stuben und hecken zum ersten Mal in ihrem Leben Pläne für das Gemeinwohl aus« (AS 10).

So entwickelt sich Jankel im Laufe der Romanhandlung vom nur auf sein Überleben bedachten Individualisten zum unermüdlich arbeitenden Traktorspezialisten, dessen Motto ist: »Haben wir gehabt Gewehr, haben wir gehungert. ... Haben wir Traktor, haben wir zu essen« (EW 128). Jankel macht sich durch seinen Arbeitseifer um das Gemeinwohl verdient, entwickelt sich zum Spezialisten für selektionistische Versuche zur Erntesteigerung und wird zum Vorbild für die anderen Siedler: »In Jankel brannte die hektische Unruhe, seine komplizierten landwirtschaftlichen Maschinen bis ins kleinste kennenzulernen und hinter die Geheimnisse der Getreidekreuzungen zu kommen. Und jeder in seiner Traktorengruppe versuchte es ihm gleichzutun« (EW 236).

Die Figur Jankel Rositschs wird somit zum Exemplum für

die Aufbaubemühungen der neuen Gesellschaft. Sein unermüdlicher Arbeitseinsatz dient nicht mehr nur den Interessen seiner engeren Umgebung, sondern steht im Dienste der gesamten Menschheit: »Wachsen wird! ... Es wird geben kein armes Mensch mehr«, erkennt Jankel die Tragweite seiner selektionistischen Bemühungen (EW 223).

Besonders deutlich wird der neue Geist der Aufbruchstimmung bei den Qualifikantenverbänden, den militärisch organisierten Gruppen von Aufbauspezialisten, die deutlich nach dem Vorbild sowjetischer Spezialistenbrigaden gezeichnet sind. Die Erfolge dieser Verbände beim Aufbau sind beachtlich: »Der gewaltigste Aufbruch überbrauste die Welt. Ungeheure Energien hatte die Planung entfacht. Eine Riesenarmee von fast siebzig Millionen Qualifikanten mit eigenen Rechten und Sitzen im Weltparlament war organisiert, und ihre Leistungen waren gigantisch. Große Teile der Kontinente bekamen immer deutlicher das Gesicht der Zukunft« (EW 149).

Obwohl Graf auch die technischen Errungenschaften der neuen Welt ausgiebig schildert, betont er häufig, dass das wesentliche Element des Aufbaus der neue Geist ist. Das Ratsmitglied Mikkelson fasst dies in einer Rede bei der ersten Parlamentssitzung voller Pathos zusammen: »Etwas Unerfassliches ist geschehen: Menschen, die alles verloren hatten, jämmerliche Totengerippe nur mehr – diese Menschen fingen wieder von vorne an! Ja, was fingen sie denn an? Den Krieg gegen das Element des Untergangs! Das Leben besiegte den Tod! Der gemeinsame Urtrieb zum Sein überwand alle Schrecknisse der Vernichtung! Und das Wunder dieses unwahrscheinlichen Willens erzwang dem neuen Werden den Weg« (EW 150).

Der Wille zum Aufbau und die Aufbruchstimmung der Qualifikanten wirkt ansteckend und verbreitet sich auch unter den anderen Siedlern. »Eine kühne Unternehmungslust bemächtigte sich ihrer, ein draufgängerischer Optimismus, der fast verjüngend wirkte. Denn jetzt war nichts mehr unmöglich, alles schien erreichbar« (EW 235–236). Die Siedler, die ursprünglich die Mitarbeit am Bau der Agrostadt abgelehnt hatten, weil sie befürchteten, dass ihre Ernteerträge darunter leiden könnten, sind jetzt nur noch mit Mühe von der Baustelle fernzuhalten.

Die Krise der neuen Gesellschaft

Nachdem die schrecklichsten Auswirkungen des Krieges beseitigt sind, verbreitet sich aber nicht nur der neue Geist der Revolution, sondern auch der alte Geist des Nationalismus, der sich in zwei Formen äußert. Die harmlose Variante dieses alten Geistes ist das Heimweh, die Sehnsucht »nach dem Ruch ihrer einstigen Heimat«, die vereinzelte »Heimatsucher« auf die Wanderschaft treibt, »um in jene Landstriche zu kommen, die sie als Illusion ihrer Heimat in sich trugen« (EW 153). Wesentlich größeres Ausmaß haben aber die agitatorischen Bemühungen nationalistischer Verschwörergruppen, die eine Rückkehr zur Nationalstaatlichkeit anstreben. Das Programm dieser Gruppen agitiert geschickt gegen die vermeintliche Diktatur des Hohen Rates, wendet sich gegen die Entnationalisierung und Entmenschlichung der Menschheit und fordert eine Rückkehr zu den Nationalstaaten der Vorkriegszeit.

»Nation ist etwas in Jahrhunderten natürlich Gewachsenes«, verkündet ein Zeitungsartikel der Nationalen Föderalisten. »Sie ist die Quelle aller wirklichen Kultur und der Inhalt alles wesentlich Menschlichen. [...] Eine friedliche Weltföderation von Dauer kann nur entstehen, wenn sie diese unzweifelhaft noch vorhandenen nationalen Besonderheiten berücksichtigt und mit der Demokratie in Einklang bringt« (EW 242).

Obwohl die Nationalisten eine »gesunde Demokratie in einem friedlichen Bund der Nationen« fordern (EW 243), streben sie in Wirklichkeit eine militärische Diktatur an. Unter den Führern dieser Gruppe befinden sich ein ehemaliger nationalsozialistischer Sicherheitsoffizier, der »Tausende und Tausende mit einem Federstrich in die Gaskammern geschickt« hatte (EW 254), sowie mehrere nationalistische Gouverneure in Asien.

Die politische Strategie der Nationalen Föderalisten weist deutliche Parallelen zum Machtaufstieg der Nationalsozialisten auf. Neben den legalen politischen Bemühungen, den Rat auf parlamentarischem Wege zu entmachten, verüben die Nationalisten terroristische Mordanschläge (EW 133, 139, 140), sabotieren die Lebensmittelversorgung, um den Hohen Rat zu diskreditieren (EW 85) und legen geheime Waffenlager an (EW 146, 237). Wichtiger Bestandteil ihrer politischen Arbeit ist die Agitation der Landbevölkerung, bei der sich die Agenten der Verschwörer den Anschein der Legalität geben: »Jetzt heißt es für jeden von uns, nur immer hinein in die Gemeinden und Ämter! Immer hübsch legal, wenn's auch schwer fällt!« formuliert einer der Führer der Gruppe (EW 214).

Da die Siedler aber dank der Hilfsleistungen des Hohen Rates und der Qualifikantenbrigaden mit dem Aufbau ihrer Agrostädte beschäftigt sind und keine Not mehr leiden, fällt die Agitation der Verschwörer auf wenig fruchtbaren Boden. Der Agent der Nationalisten Lucker versucht Greiner, den Sheriff der Agrostadt Flusstal, mit abstrakten politischen Ideen auf die Seite der Aufständischen zu bringen: »Du siehst ja, wie sie's treiben [...] Die Verfassung wird einfach dekretiert. Volksentscheid und Demokratie gibt's nicht, basta! Das soll Demokratie sein? Das heißen sie Freiheit?!« (EW 233–234). Diese Agitation hat jedoch keinen Erfolg, da die ländliche Bevölkerung ganz von der Aufbruchstimmung des neuen Geistes ergriffen ist und sich voll auf den Neuaufbau ihrer Siedlungen konzentriert. Erfolge zeigt die Agitation der Verschwörer nur bei kleinbürgerlichen Elementen innerhalb der Siedlungen, wie zum Beispiel bei dem Lehrer Trummstedt (EW 219).[19]

Da die Siedler weitgehend entpolitisiert sind und sich nur für den ungestörten wirtschaftlichen Aufbau ihrer Agrostädte interessieren, muss sich der Hohe Rat für den politischen Kampf gegen die Nationalen Föderalisten andere Bundesgenossen suchen. Unterstützung für seine Maßnahmen gegen die zunehmende Bedrohung durch die Nationalisten findet der Rat bei der neu gegründeten Partei der »Futuristen« und ihrer radikalen Abspaltung, den »Ultristen«. Diese beiden Parteien, die »nach dem Vorbild einer idealen Sozialdemokratie und KP gezeichnet« sind (Bauer 321), üben zwar heftige Kritik an einzelnen politischen Entscheidungen des Rates, stellen aber dessen Machtanspruch nie in Frage: »Der größere Flügel der Delegierten [...] hielt fest an der Losung: ›Alle Macht dem Rat!‹« (EW 307). Dass diese beiden Parteien trotz unter-

---

[19] Auch hierin zeigt sich eine Parallele zu den agitatorischen Bemühungen der Nationalsozialisten in »Unruhe«, die als Ersten den Krämer Stelzinger als Anhänger gewinnen.

schiedlicher politischer Ansichten den Rat stützen[20] und die parlamentarischen Bemühungen der Nationalen Föderalisten zunichte machen, ist ebenfalls eine Umsetzung der Lehren, die Graf aus dem Scheitern der Weimarer Republik gezogen hat. Graf arbeitete in der Endphase der Republik sowohl mit Sozialdemokraten wie auch mit Kommunisten zusammen, um den Aufstieg der Nationalsozialisten zu verhindern und setzte sich aktiv für die Bildung einer gemeinsamen Front gegen Hitler ein (Gelächter 468).[21]

Grafs Erfahrungen bei der Zerschlagung der Münchner Räterepublik finden in der »Eroberung der Welt« auch ihre Berücksichtigung. Einen der Gründe für das Scheitern der Münchner Republik sieht Graf darin, dass die Republik sich erst zu spät und auch dann noch zu zögernd gegen die restaurativen Kräfte zur Wehr setzte. Graf bemerkt dazu in seiner Autobiografie spöttisch: »Soso! ... Jaja, natürlich, die Freiheit über alles, wenn auch die Revolution darüber kaputt geht« (Gefangene 480). Im Gegensatz dazu zeigt sich der Hohe Rat von Anfang an zur Verteidigung des Erreichten entschlossen. Als in verschiedenen Industriegebieten unorganisierte Arbeiter streiken, da die Nationalisten die Lebensmittellieferungen des Rates sabotiert haben, entschließt sich der Rat mit der Begründung »Es steht mehr auf dem Spiel als diese Arbeiter« dazu, die Streikenden auszuhungern und den Aufstand niederzuschlagen (EW 83–87, Zitat 85). Zur Aufdeckung der nationalistischen Verschwörung setzt der Rat von Anfang an die Geheimpolizei unter Leitung Waclaw Climaschs ein, die erfolgreich versucht, Spitzel in das Netz der Verschwörer einzuschleusen. Anders als die sozialdemokratischen Regierungen der Weimarer Republik ist der Hohe Rat im Roman ein Beispiel einer wehrhaften Demokratie, die sich entschlossen gegen Umsturzbemühungen zur Wehr setzt.

---

[20] Darin, dass es Graf nicht gelingt, politisches Programm und Absichten dieser Parteien klar darzustellen und mit Leben zu erfüllen, liegt eine der großen Schwächen des Romans. Hier ist Seiferts Kritik zuzustimmen: »Die präsentierten Modelle politischen Handelns sind oft allzu banal. Im ›Hohen Rat‹ begegnet der Leser Politikern von unglaublicher Biederkeit, die dazu noch kaum erträglich typisiert sind« (99).
[21] Zu Grafs Bemühungen um den Aufbau einer Volksfront gegen den Nationalsozialismus, siehe Barck, besonders 286–301.

Als die parlamentarischen Versuche der Nationalisten, den Hohen Rat zu stürzen scheitern und auch die Agitation der Siedler nicht den gewünschten Erfolg zeigt, gehen die Verschwörer zum offenen Kampf über. Durch Mittel der bakteriologischen Kriegführung verbreiten sie die »Brucellose,« eine verheerende Viehseuche, die auch Menschen angreift (EW 262). Von Asien aus greifen starke Truppenverbände der Nationalisten die Armeen des Hohen Rates an und fügen ihnen schwere Niederlagen zu. Die anfänglichen Erfolge der Nationalisten gegen die Truppen des Rates lösen eine Regierungskrise aus; der Einsatz von neuentwickelten Massenvernichtungsmitteln wird im Rat heftig diskutiert. Während die militärische Führung den Einsatz der neuen Waffe, die einen ganzen Kontinent abriegeln und total zerstören kann, fordert, lehnen andere Ratsmitglieder den Einsatz dieser schrecklichen Waffe aus moralischen Gründen ab. Die Entscheidung für den Einsatz der schrecklichen Massenvernichtungswaffe wird auch vom Ratsmitglied Mikkelson mitgetragen. Trotz moralischer Bedenken schließt Mikkelson sich widerwillig dem Entschluss des Rates an, in der Hoffnung, dass nach der Vernichtung der Nationalisten ein dauerhafter Friede möglich ist. Nachdem die grausamen Auswirkungen der Waffe bekannt werden, wird Mikkelson jedoch von seinem Gewissen so gepeinigt, dass er seinen Rücktritt anbietet und Selbstmord begeht.

In der Figur des Ratsmitgliedes Mikkelson spiegelt Graf seine eigene Haltung und seinen eigenen inneren Konflikt über die Frage der Gewaltanwendung wider. Wie schon sein Vater war Graf bereits als junger Mensch allem Militärischen abgeneigt. Durch das äußerst gestörte Verhältnis zu seinem Bruder Max, einem Unteroffizier im Ersten Weltkrieg, und durch seine Erfahrungen in der Armee, der er sich durch vorgetäuschte Geisteskrankheit entzog, entwickelte sich diese Abneigung bald zu einem richtigen Hass auf alles Militärische (Gefangene 15-36 und 184-208). Trotz seiner Friedensliebe kann Graf jedoch nicht als Pazifist bezeichnet werden. Zwar war Tolstoi mit seiner Forderung der Gewaltlosigkeit Grafs großes Vorbild – in einem Brief an Gustav Fischer vom 4. Oktober 1942 bezeichnet Graf Tolstoi als »eine leitende Idee für mich, die unangreifbar, unbesiegbar ist« (zitiert nach Düver 96) –, doch in diesem Punkt weicht Graf von seinem Vorbild ab. In Zeiten großer Bedrohung sieht Graf es als seine Pflicht an, dem Übel zu widerstreben, selbst wenn dies die Anwendung der von ihm so verachteten Massenvernichtungsmittel bedeutet. Diese Auffassung hat Graf bereits 1934 in seinem Gedicht »Aufruf« vertreten, das eine offensichtliche Anspielung auf Tolstois pazifistisches Flugblatt »Besinnet Euch!« ist: »Besinnt Euch nicht, nun ladet das Gewehr! Es fängt der letzte Krieg sein Wesen an [...] Geduld ist Sünde! Mitleid ist Verbrechen! [...] Uns alle Macht! Und dann: ›Nie wieder Krieg!‹« (Aufruf 34)

Diese Einstellung wird in der Eroberung vom Ratsmitglied Dickson vertreten, der die Anwendung der Abriegelungswaffe folgendermaßen rechtfertigt: »Wir müssen den Krieg übertrumpfen! [...] Asien ist nur ein Teil des Ganzen. Die Welt ist weit größer! Wir müssen bleiben, sonst zerfällt noch viel mehr, wenn nicht alles!« (EW 333-334).

Der Einsatz der neuentwickelten Abriegelungswaffe ist für Dickson das letzte Kampfmittel, um den bisher erreichten Neuaufbau der friedlichen Gesellschaft gegen die Bestrebungen der Nationalen Föderalisten zu sichern. Er unterscheidet dabei zwischen dem strategischen Sieg der Armee, der durch die Vernichtung der Nationalisten erreicht wird, und dem politischen Sieg des Rates, der im weiteren Aufbau der neuen Gesellschaft besteht. Wichtig ist für ihn der Kampf um die Urbarmachung der Wüste und die friedliche Gestaltung der Zukunft: »Wir führen einen anderen Krieg! Der entscheidet!« (EW 334).

Ein apokalyptisches Zwischenspiel?

Diese Worte Dicksons deuten an, dass es sich bei der Niederschlagung der nationalistischen Verschwörung nicht um eine machtpolitische Auseinandersetzung handelt, sondern um einen Kampf auf fast heilsgeschichtlicher Ebene. In Dicksons Betonung der bisherigen Aufbauleistungen als dem eigentlichen Kampf findet sich einmal der Ausdruck der Naherwartung, dass sich seine Vision von der Urbarmachung der Wüste und dem friedlichen Aufbau in unmittelbarer Zukunft verwirklichen wird. Zum anderen bietet Dickson hier auch eine Rechtfertigung für den Einsatz der schrecklichen Vernichtungswaffe an.

»Bleiben müssen wir, unbedingt bleiben! In unserer jetzigen Situation ist kein Kompromiss zu hoch! Nur wenn wir jetzt standhalten, siegen wir«, resümiert er (EW 335). Mit diesen Worten rechtfertigt er den Einsatz der Vernichtungswaffe und ordnet sie in den Verlauf des Geschichtsprozesses ein, der sich auf das erwartete Ende hin entwickelt, auf den Aufbau der neuen Gesellschaft.

Bei der Schilderung dieses letzten Kampfes gegen den Geist des Nationalismus und des Krieges bedient sich Graf konsequenterweise sowohl der Bildersprache als auch der Strukturmerkmale der traditionellen Apokalypse. Die bestehende Ordnung ist nicht nur durch die militärischen Erfolge der Verschwörertruppen und die furchtbaren Auswirkungen der Brucellose bedroht. In einer gewaltigen Zerstörungsvision erheben sich auch die Naturgewalten gegen die neu geschaffene Ordnung. Große Sandstürme brechen in den Wüstengegenden aus, fegen die Errungenschaften der Zivilisation hinweg und verbreiten Chaos, Schrecken und Tod: »... bald sah es wieder aus wie in den schlimmsten Zeiten der Katastrophe. Zerblasen war jede mühsam aufgerichtete Ordnung. Unaufhaltsam stieg die Schreckensflut und floss westwärts, bedrohte immer neue Gebiete. Truppen und immer mehr Truppen wurden eingesetzt. Kriegerisch rannten die blindwütigen Haufen gegen sie an. Im Feuer türmten sich Leichenhaufen. Berge wurden daraus. Alles lag wirr über- und nebeneinander: Tote und Verwundete, Männer, Frauen, Kinder und Greise.« (EW 303)

Die Mittel konventioneller Kriegführung versagen völlig angesichts der sich ausbreitenden Vernichtung. Schnell aufgerufene Freiwilligenverbände, sogenannte Schutzformationen, sind von den Verschwörern unterwandert, und die Bewaffnung dieser Verbände stärkt nur die militärische Macht der Nationalföderalisten. Einzig der Einsatz der neuentwickelten Abriegelungswaffe kann den Erfolg der Verschwörer verhindern.

In Mikkelsons Gewissenskonflikt über die Anwendung dieses schrecklichen Mittels wird auch die Endzeiterwartung des Politikers deutlich. Mikkelson betrachtet den Einsatz der Abriegelungswaffe als unaufhaltbar und unabwendbar. Gegen die moralischen Bedenken Barrys wendet er ein: »›Es geschieht auch ohne uns‹ [...] Ein Fatalismus ohnegleichen klang aus seinen Worten« (EW 315). In einem Monolog unterscheidet er zwischen der jüngeren Generation der Ratsmitglieder, den Pragmatikern, die sich für den Einsatz der Waffe aussprechen und den älteren, die bei ihrer Entscheidung von ihrem Gewissen geplagt werden: »Die jüngeren, die haben es leichter, die plagt das alles nicht! Ihr Handeln wird vom sichtbaren Nutzen bestimmt, von der Automatik der Technik, die, ihrer Meinung nach, das Glück für alle fabriziert.« Sich selbst sieht er als Mitglied einer älteren Generation, die noch mit einem Gewissen wie »mit einer tiefen unausrottbaren inneren Erbschaft belastet« ist (EW 317). Obwohl Mikkelson an seinen moralischen Werten festhält, sieht er sich und einige andere Ratsmitglieder als die letzten Vertreter eines endenden Zeitalters: »Eigentlich sind wir abgerissen, überflüssig, wir älteren. ... Wir gehören nicht mehr dazu, nein, nicht im mindesten.« (EW 318)

Die Abriegelung des asiatischen Kontinents verändert die Situation schlagartig und abrupt. Innerhalb weniger Stunden ist die Vernichtung der Verschwörung besiegelt: »In knappen fünf Stunden schien der größte Teil Asiens buchstäblich aus der Weltkarte ausgelöscht« (EW 332). Ebenso abrupt ist der Wechsel der Erzählperspektive, die sich sofort den Aufbauleistungen im Rest der Welt zuwendet. Durch die Anwendung neuer Technologien gelingt es den Qualifikantenbrigaden, ehemals verwüstete Landstriche in blühende Garten zu verwandeln. In atemberaubendem Tempo schildert Graf die Aufbauleistungen des Hohen Rates: »Viele Träume, die die Menschen geträumt, wurden Wirklichkeit« (EW 335–336). Unmittelbar nach der Abriegelung Asiens wird der bisher vernachlässigte Plan, die Wüsten urbar zu machen, mit großem Erfolg in Angriff genommen: »Die Wüste verkroch sich mehr und mehr [...] Büsche und Pflanzen strebten allmählich empor, und neben der Palme wuchsen Waldbäume satt und voll, als hätten sie eh und je hier ihre Heimat gehabt. Unabsehbare Getreidefelder, üppige Gemüseländereien, Erdnuss- und Orangenbaumstriche dehnten sich schließlich aus.« (EW 338)

Obwohl Graf bereits an früheren Stellen im Roman auf die erstaunlichen Aufbauleistungen der neuen Gesellschaft verwiesen hat, erreichen diese nach dem erfolgreichen Einsatz der Zerstörungswaffe eine neue Qualitätsebene. Einer der Freiwilligen, der in der libyschen Wüste arbeitet, resümiert: »Ein wahres Paradies ist aus der Wüste geworden« (EW 339). Die Urbarmachung der Wüste, durch die erst die ganze Welt zur Heimat werden kann, ist die eigentliche Erlösungsvision in »Die Eroberung der Welt«. Sie ist der Beginn eines neuen Äons, das den ewigen Frieden, den *pax aeternas* bringen wird. Die Dringlichkeit der Vision, deren Verwirklichung in unmittelbarer Zukunft bevorsteht, deutet sich in den Worten des Erzählers an: »Das war der Krieg, den Dickson meinte. [...] Dort stand der Sieg, und dort begann der dauernde Friede!« (EW 340).

Dieser radikale, durch eine Vernichtungsvision ausgelöste Umschlag vom Mangel zur Fülle ist eines der wichtigsten Kennzeichen apokalyptischer Visionen (Vondung 227). Hinzu kommt noch, dass mit der Abriegelung Asiens auch das Gericht über die Verschwörer beginnt. Ein Großteil der nationalföderalistischen Truppen wird durch die Abriegelungswaffe vernichtet; die militärische Aktion gegen die Nationalen Föderalisten löst auch eine Verhaftungswelle aus, durch die die Agenten der Verschwörer in den Reihen der Regierungstruppen und der Verwaltung ihren Gerichtsverhandlungen zugeführt werden. Die unmittelbare Abfolge von Einsatz der Vernichtungswaffe und Erlösungsvision stellt den apokalyptischen Charakter dieses Textteils deutlich heraus.

Dass die Erlösungsvision erst nach einer nochmaligen Massenvernichtung möglich ist, dass der Bestand der utopischen Gesellschaft nur durch den Einsatz einer apokalyptischen Waffe gesichert werden kann, stellt für Graf jedoch ein moralisches Problem dar. Er versucht daher, den apokalyptischen Charakter dieses Teiles abzuschwächen, indem er die Vernichtungsvision zunächst erzählerisch ausspart, und sich auf die Schilderung der Erlösungsvision konzentriert. Von den Auswirkungen der neuen Waffe erfährt der Leser zuerst einmal nichts. Das Ausmaß der Zerstörung schildert Graf erst mehr als hundert Seiten später. Die Lage in Asien nach Aufhebung der Abriegelung ist durchaus mit den Verwüstungen des apokalyptischen Vorspiels vergleichbar; den einmarschierenden Ratstruppen bietet sich folgendes Bild: »In Asien sah es schrecklich aus [...] Halbverfaulte Menschenbeine, geradestehende Leichen mit noch nicht ganz fleischlosen Schädeln und ausgehöhlten Rippen, verkohlte Reste abgestürzter Flugzeuge, Tanks und verrostete Geschütze ragten daraus. [...] Zerstörte verfallene Siedlungen und Agrostädte tauchten auf. Weite Strecken waren vereist und machten einen gespenstisch toten Eindruck. Stumm und verlassen gähnten die kahlen Flächen um die abgebröckelten, bläulich schimmernden Häusergevierte« (EW 444-445).

Das Zitat verdeutlicht, dass die furchtbaren Auswirkungen der Abriegelung durchaus den Verwüstungen des dritten Weltkrieges gleichkommen. Alle Errungenschaften des sozialistischen Aufbaus in Asien sind der Vernichtung anheim gefallen; die wenigen Überlebenden sind nur noch »treibende, verwilderte Haufen [...] verseucht und schon todessiech« (EW 445). Wie im apokalyptischen Vorspiel sind die Menschen zu einer verwilderten, nomadisierenden Masse verkommen.

Um die Aktion des Hohen Rates, der unzweifelhaft auch unbeteiligte Zivilisten zum Opfer gefallen sind, moralisch zu rechtfertigen, bedient sich Graf jedoch eines erzählerischen Tricks. Die Auswirkungen der Vernichtungswaffe selber werden nur am Beispiel von Kombattanten, von Mitgliedern der nationalföderalistischen Armee aufgezeigt. Die Leiden der Zivilbevölkerung führt Graf zwar ebenfalls vor, stellt sie jedoch als Folge der grausamen Zwangsherrschaft der Verschwörer dar, die die Bevölkerung in Konzentrationslagern grausam misshandelt haben. Durch dieses Verfahren versucht Graf, den Hohen Rat moralisch zu entlasten und die Schuld an der Vernichtungsvision ganz auf die nationalföderalistischen Verschwörer abzuwälzen. Die Nationalen Föderalisten erscheinen aufgrund dieser Darstellungsweise im zweifachen Sinne als moralisch Schuldige an den Verwüstungen: einmal als Urheber des Krieges, die den Hohen Rat zum Einsatz der Abriegelungswaffe gezwungen haben, und einmal als grausame Diktatoren, die ihre »Sklavenheere [...] unbeschreiblich grausamen Strafmethoden« und Folterungen ausgesetzt haben.

Homo utopus – Der neue Mensch

Mit der Niederschlagung der Nationalisten und der Urbarmachung und Besiedlung der verwüsteten Kontinente sind allerdings erst die äußeren Bedingungen für einen dauerhaften Frieden geschaffen. Den inneren Wandel der Menschen, der diesen Frieden erst dauerhaft garantieren kann, stellt Graf im dritten Teil des Romans am Beispiel der Sekte der Stillen und an der Entwicklung des Katholizismus dar.

Die Sekte der Stillen ist, wie Düver zeigt, von Graf bewusst nach dem Vorbild der tolstoianischen Sekte der Duchoborzen gestaltet.[22] Die Stillen halten »nichts für gut und nichts für schlecht. Sie sagen, man muss das Leben ertragen« (EW 144) und »leben nach dem Grundsatz, der den Sinn aller Religionen ausmacht: Widerstrebe nicht dem Übel« (EW 563). Die Mitglieder der Sekte enthalten sich jeglicher politischer Betätigung und geben, wie Tolstoi es fordert, bei den Wahlen »Millionen leere Wahlzettel« ab (EW 563). Die Stillen arbeiten unermüdlich, stellen keine Ansprüche und leben als »das, was sie immer gewesen waren: demütige, brüderliche Menschen« (EW 531). Iwan, einer der Stillen, erklärt seiner Frau eine der zentralen Maximen der Sekte: »›Wir sind alle zur Unruhe geboren [...] Wirigin [der Führer der Sekte] hat ein Buch, aus dem er uns manchmal vorliest. Da steht drinnen: ›Was suchst du Ruhe, der du zur Unruhe geboren bist.‹« (EW 473)

Dieses Zitat von Thomas a Kempis dient nicht nur zur Charakterisierung der Stillen, sondern verweist auch auf Grafs Roman »Unruhe um einen Friedfertigen«, der ungefähr zur gleichen Zeit wie »Die Eroberung der Welt« entstand. In diesem Roman schildert Graf, wie der jüdische Schuster Kraus unbeachtet und friedlich in einem bayerischen Dorf seinem Lebensunterhalt nachzugehen versucht. Aus den politischen Wirren der Münchner Revolution hält sich der Schuster heraus, da er in der Revolution nur eine Fortsetzung des ewigen Kreislaufs der Gewalt sieht: »›Jajaja, Revolution ist! Die kleinen Leut'‹ kommen über die Großen, und die Großen werden klein ... Hmhmhm ... Und nachher kommen die Kleinen wieder über die neuen Großen ... So geht's weiter‹« (Unruhe 75).

Sich selbst sieht der Schuster als einen der wenigen genügsamen

---

[22] Darauf, dass die Stillen in der Sekte der Sanften aus Grafs frühem Roman »Die Heimsuchung« einen literarischen Vorläufer haben, hat bereits Recknagel hingewiesen (322). Auf die Parallelen zu den Waldensern, als deren Nachkomme sich Graf in »Das Leben meiner Mutter« bezeichnet (372–79), verweist Düver (99–100).

und anspruchslosen Menschen, die nur in Frieden ihrer Arbeit nachgehen wollen.»Neunundneunzig vom Hundert wollen mehr haben und mehr sein als alle anderen, und ein Prozent, die wollen gar nichts ... Die möchten bloß ihre Ruh' und ihren Frieden ... Aber die zählen nicht ... Die zählen nicht« (Unruhe 76). Wie die Stillen zeichnet sich der Schuster durch Genügsamkeit, Freundlichkeit und unermüdlichen Arbeitseifer aus. Seine Lebensphilosophie weist große Parallelen zu der Einstellung der Stillen auf: »Viel hatte er mitgemacht und viel überwunden. Schön war fast nichts gewesen. Was blieb schon übrig! Man musste eben alles ertragen« (Unruhe 241). Seine Versuche, sich aus den politischen Wirren seiner Zeit herauszuhalten, scheitern jedoch; auch Kraus wird zum Opfer der Politik. Die Nazis, die von Kraus' jüdischer Herkunft erfahren haben, prügeln den friedliebenden und unpolitischen Schuster am Ende des Romans bestialisch zu Tode.

Während Graf in »Unruhe um einen Friedfertigen« zeigt, dass sich der Versuch, friedlich und unpolitisch zu leben, angesichts des Faschismus als Illusion erweisen muss, stellt er in der »Eroberung der Welt« das Ideal einer Welt vor, in der ein solches Leben möglich ist. Die Aufbauleistungen der neuen Gesellschaft, die den äußeren Rahmen für eine friedliche Welt geschaffen haben, folgen in groben Zügen der Geschichtsentwicklung, die Bloch 1918 voraussagte: »Es kam das rastlose um sich Greifen, das für sich Arbeitenlassen und Ersetzen durch mechanische Kräfte. Es wird noch kommen die dadurch geschehene Entlastung der Menschen mittels der Technik und ihre nicht mehr aufzuhaltende Segnung des Lebens, nämlich die mögliche Abschaffung der Armut und die durch das revolutionäre Proletariat erzwungene Entlastung des Menschen von den Fragen der Ökonomie [...] Es kommt weiterhin die nicht mehr zu vereitelnde föderative Annäherung der Staaten selbst« (Geist der Utopie 432).

Die den Roman abschließende Entwicklung nach innen, der Aufbau einer neuen Religiosität, folgt ebenfalls Blochs Geschichtsschema: »Es kommt schließlich der alles Innerliche, Stille, Irrationale des Menschenlebens neu pointierende Wiederaufbau der Kirche als der Erziehungs- und metaphysisch zentralisierenden Heilsanstalt überhaupt« (Geist der Utopie 432).

Maßgeblich am Wiederaufbau der Kirche beteiligt ist der Papst, das unorthodoxe Oberhaupt der katholischen Kirche, das von dem Beispiel der friedfertigen und duldsamen Stillen tief beeindruckt ist. Unter seiner Leitung gewinnt die katholische Kirche erneut starken Zulauf und beginnt sich »tiefgreifend« zu wandeln und »das eng Kirchliche, das betont Dogmatische« zu verlieren (EW 362). Die Kirche wandelt sich von einer patriarchalisch-hierarchischen Institution zu einer wahren Demokratie, in der Bischöfe und der Papst von den Gläubigen unmittelbar gewählt werden. Beim Wiederaufbau des verwüsteten Asiens spielen beide Religionen eine wichtige Rolle. Katholiken und Stille unterbreiten dem Hohen Rat gemeinsam einen Vorschlag. Sie wollen gemeinsam den Wiederaufbau des verwüsteten Asiens übernehmen und ihre bisherigen Siedlungen in Europa und Südamerika den »überlebenden, krank gemachten, irregeleiteten und verwilderten Massen« Asiens überlassen (EW 368). Durch diese Maßnahmen wollen sie dem Hass der überlebenden Rebellen »Opferbereitschaft und geduldige Liebe entgegensetzen« (EW 368–369). Die freiwillige Übersiedlung ins verwüstete Asien ist ein Akt der tätigen Liebe und Selbstaufopferung, durch den der ewige Kreislauf der Gewalt durchbrochen wird. Sie ist Ausdruck des neuen schaffenden Geistes, den auch Landauer als Folge der Revolution erwartete: »Möge uns aus der Revolution Religion kommen, Religion des Tuns, des Lebens, der Liebe, die beseligt, die erlöst, die überwindet« (AS 17).

Durch den engen Kontakt beim Wiederaufbau des zerstörten Asiens findet eine zunehmende Annäherung zwischen der katholischen Kirche und der Lehre der Stillen statt. Vom Dogmatismus früherer Jahre befreit, reduziert sich die kirchliche Lehre immer mehr zum Gebot der christlichen Nächstenliebe. Im Gespräch mit einem Ratsmitglied betont der Papst die Notwendigkeit der inneren Entwicklung als Voraussetzung für den dauernden Frieden: »Den äußeren Weg ist die Menschheit fast bis zu Ende gegangen, bis ans Ziel. Aber die Menschen? Haben sie sich dadurch verändert? ... Nein! Etwas stimmt da nicht. Der Weg muss nicht der rechte gewesen sein [...] Der wahre Weg geht nach innen, in uns hinein« (EW 552).

Auf dem Weg nach innen nähert sich die katholische Kirche jedoch mehr und mehr den Stillen an. Der Papst beginnt »alles Dogmatische seines Kirchenglaubens, alles Äußerliche und Rituelle, alles Unwesentliche abzulehnen.« Hierdurch gelingt es ihm, die katholische Kirche für Millionen wieder attraktiv zu machen. Der Unterschied zwischen katholischer Religion und der Lehre der Stillen verschwindet jedoch völlig durch diese Maßnahmen. Der Papst bringt zwar neue Gläubige »ins katholische Lager, in Wirklichkeit jedoch wurden sie Stille« (EW 562).

Das Beispiel des Papstes, der sich immer mehr zu einem Stillen entwickelt, führt vor allem die Jugend zur Kirche. Dieser Zuwachs ist jedoch eher auf den humanitären Geist der gewandelten Kirche zurückzuführen als auf religiöse Dogmen oder Glaubensartikel: »Diese Jugend war undogmatisch, sie reagierte nur aus dem Gefühl heraus auf das allgemein Menschliche, das diese Religion umschloss. Kirchliche Dinge blieben ihr unverständlich. Das meiste davon kam ihnen überlebt vor« (EW 531). In der neuen Religiosität der Jugend verbindet sich der Geist humanitärer Brüderlichkeit mit dem neuen Geist und der Aufbruchstimmung der Qualifikantenbrigaden: »Eine kaum fassbare, inbrünstige Brüderlichkeit erwachte in aller Jugend, und sie nahm mitunter die Form chiliastischer Schwärmerei an. Es blieb aber keinesfalls bei dieser Schwärmerei [...] Tausende verließen ihre Arbeitsplätze, die Universitäten leerten sich trotz aller Maßnahmen des Rates [...] Tausende und Abertausende von Jugendlichen meldeten sich zur technischen Ausbildung und zum freiwilligen Eintritt in die Qualifikantenbrigaden, die nach Asien gehen sollten« (EW 452).

Die neue Religiosität verbreitet sich besonders stark durch das Beispiel einer demütigen und anspruchslosen Lebensführung, das die Stillen bieten. Was die Lehre der Stillen so attraktiv macht, ist das Beispiel des friedlichen Zusammenlebens, das ihre Gemeinschaft anderen Gruppen demonstriert: »Ihr Stillen habt euch ja seit je mit jedem vertragen und braucht für nichts ein Gesetz. Jetzt begreif ich's erst, warum jeder so wird wie ihr« (EW 582), erklärt der Sheriff der Flusstaler Siedlung die Anziehungskraft der Stillen. Das Beispiel der Stillen erweckt, in den Worten des Erzählers, in den Menschen »das Unzerstörbare, das tief in jedem Einzelnen schlummert und nur geweckt zu werden braucht, um als natürliche Religiosität die verpflichtende Allgemeingültigkeit zu erlangen« (EW 562). Auch in diesem Wiedererwachen einer einfachen und auf reiner Menschlichkeit basierenden Religiosität findet sich eine deutliche Parallele zu den

Lehren Gustav Landauers. In seinem »Aufruf zum Sozialismus« sieht Landauer eine der wichtigsten Aufgaben der Revolution darin, bei den Bauern zu leben und »das lebendig zu machen, was in ihnen verkalkt und verstaubt ist: die Religion, nicht den Glauben an irgendwelche äußere oder obere Mächte, sondern den Glauben an die eigene Macht und die Vervollkommnung des einzelnen Menschenwesens, solange es lebt« (AS 149).

Die neue Religion eines humanen Pazifismus findet jedoch nicht bei allen Gruppen Anklang. Besonders die politischen Parteien der Futuristen und Ultristen stehen den religiösen Gruppen ablehnend gegenüber. Sie verkennen den wahren Charakter dieser Bewegungen und vermuten hinter der wachsenden Popularität des Papstes eine geschickte politische Strategie, durch die die Kirche wieder eine politische Machtstellung anstrebt. Ein weiterer Grund für die Religionsfeindlichkeit der Parteien ist der Einfluss der neuen Religionen in Asien, der »die Massen dort politisch völlig indifferent« macht (EW 523). Die Parteien benutzen daher vom Rat sanktionierte Säuberungsmaßnahmen, die eigentlich gegen getarnte Verschwörergruppen der nationalen Föderalisten gerichtet sind, dazu, die Stillen und die Katholiken in Asien zu terrorisieren. Getreu ihrer Lehre setzen weder Stille noch Katholiken diesen Maßnahmen Widerstand entgegen. Sie ertragen alle Schikanen, lassen sich durch nichts provozieren und legen nicht einmal gegen ihre ungerechte Behandlung Protest ein. Aufgebracht über die Misshandlungen der Gläubigen in Asien drohen die Qualifikantenbrigaden schließlich mit Streik und zwingen den Rat, die Säuberungsaktionen zu beenden.

Die Schikanen gegen die neuen Religionsgemeinschaften in Asien machen deutlich, dass für Graf das Ideal der neuen Menschen nicht einfach im weltabgekehrten, apolitischen Pazifismus der Stillen oder der Katholiken liegen kann. Dies machen die klaren Parallelen deutlich, die sich zwischen den Romanen »Die Eroberung der Welt« und »Unruhe um einen Friedfertigen« aufzeigen lassen. Auf die auffallende Übereinstimmung zwischen Stillen und dem Schuster Kraus wurde bereits hingewiesen; ähnliche Parallelen lassen sich zwischen den Katholiken und den frommen Brüdern in Jesu im Kloster Weylarn in »Unruhe« aufzeigen. Der Versuch dieses Jesuitenordens, sich aus den politischen Wirren der Zeit herauszuhalten, ist genauso zum Scheitern verurteilt wie der Versuch des Schusters Kraus. Das Kloster wird von den Nazis »liquidiert« und die Brüder »wirken seitdem zerstreut in der weiten Welt« (Unruhe 404).

Ohne die tatkräftige Unterstützung der Qualifikantenbrigaden wären Stille und Katholiken den Schikanen der futuristischen und ultristischen Säuberungskomitees genauso hilflos ausgesetzt wie die Jesuiten dem Terror der Nationalsozialisten. Was das friedliche Überleben der neuen Religionsgemeinschaften ermöglicht, ist die Ausbreitung des neuen Geistes, in dem sich die Aufbruchstimmung der Qualifikanten mit dem Geist der Brüderlichkeit der natürlichen Religion vereint. Dieser Geist kann sich in der neuen Welt nach der Abschaffung der Armut durch die Segnungen der neuen Technologie und der Überwindung des Nationalismus frei entfalten. Wichtiger Bestandteil dieses neuen Geistes ist die Haltung der Brüderlichkeit und die Erkenntnis, dass zur eigenen Freiheit stets auch die Freiheit der anderen gehört: »unbeängstigt und frei ist man nur, wenn man weiß, daß es alle sind« (EW 436).

Die Ausbreitung des neuen Geistes bewirkt vor allem einen Rückgang des Interesses an Politik und Staat. Wie bereits zuvor bei den bäuerlichen Siedlern dargestellt, breitet sich vor allem bei der Jugend ein großes Desinteresse für politische Angelegenheiten aus. Zum Leidwesen der futuristischen und ultristischen Politiker interessiert sich die Jugend nicht mehr für konkrete Politik, sondern mehr für die Möglichkeiten, die der »ewige Weizen« für die Zukunft bietet. Parteipolitisches Engagement erscheint ihnen »als ein verstaubter Leerlauf« (EW 508). Einzig die Bestrebungen des Hohen Rates, den Geist der Verfassung mit Leben zu erfüllen, finden noch Interesse bei der Jugend.

Diese Abkehr von der Politik wird noch durch zwei weitere Faktoren verstärkt. Die Ausbreitung der apolitischen neuen Religionen setzt in Asien »das, was man bis jetzt gemeinhin unter Politik verstanden hatte, gleichsam außer Gebrauch« (EW 562–563); und aus Protest gegen die Behandlung der Gläubigen in Asien setzt eine Massenaustrittswelle aus den Parteien ein. Ganz klar kommt die Abkehr von der Politik anlässlich der Neuwahlen zum Hohen Rat zum Ausdruck: »Ganz gleichgültig nahm die Welt von der Bildung des neuen Rates Kenntnis. Man war diese Regierungsart gewohnt und vertraute ihr. Es war fast schon gleichgültig, wer im Apparat der Leitung saß. Der neue Rat trat noch weit mehr in den Schatten und blieb dennoch die allverbindende Autorität« (EW 579).

Die Abkehr von der Politik, die sich gegen Ende des Romans findet, kann im Sinne Blochs als »Entrealisierung« oder als eine »Wegnahme der physischen Welt« verstanden werden (Geist der Utopie 442). Eine logische Folge dieser Interpretation wäre die Annahme, dass mit dem Einsetzen der Entrealisierung das Ende der Geschichte gekommen ist und dass Grafs Roman mit einer geschichtslosen utopischen Vision endet. Diese Annahme ist jedoch nicht unproblematisch. Es ist wahrscheinlicher, das Phänomen der Entrealisierung mit Landauer zu erklären. Es handelt sich hier nicht um das Ende der Geschichte, sondern um die Ablösung des Staates durch die Gemeinschaft und den neuen Geist. Landauer formuliert seine Thesen dazu folgendermaßen: »Wo kein Geist und keine innere Nötigung ist, da ist äußere Gewalt, Reglementierung und Staat. Wo Geist ist, da ist Gesellschaft. Wo Geistlosigkeit ist, da ist Staat. Der Staat ist das Surrogat des Geistes.« (AS 19)

Mit der Ausbreitung des neuen, von Aufbaustimmung und natürlicher Religion gekennzeichneten Geistes erreicht die neue Gesellschaft in »Die Eroberung der Welt« eine Stufe, in der die Ablösung des Staates durch die Gesellschaft erreicht wird.

Geschichte als Folge von Topie und Utopie

Dies bedeutet jedoch nicht das Ende der Geschichte. Hierfür finden sich im Text recht eindeutige Hinweise. Zum einen führt Graf bereits im ersten Kapitel des Romans einen Chronisten ein, der die Verwüstungen des dritten Weltkrieges rückblickend aus der Perspektive des Historikers darstellt. Dieser Verweis auf das Weiterbestehen einer Geschichtsschreibung macht es unwahrscheinlich, dass die Entpolitisierung der neuen Gesellschaft am Ende des Romans das Ende der Geschichte als statischen utopischen Zustand bedeutet. Noch deutlicher kommt das Weiterleben der Geschichte bei der Abdankung des alten Rates zum Ausdruck. Nach einem Rückblick auf das bisher Erreichte wendet das ehemalige Ratsmitglied Dickson seine Gedanken den nachfolgenden Generationen zu. Mit den Worten, »jetzt braucht uns die Welt nicht mehr« betont er zwar, dass der erste Hohe Rat seine Aufgabe erfüllt hat, dass die schwierige Phase des Neuaufbaus der Welt abgeschlossen ist. Die unmittelbar darauf folgenden Worte: »Unsere Nachfolger werden es leichter haben« (EW 578) lassen jedoch keinen Zweifel daran, dass auch der neugewählte Rat noch geschichtliche Aufgaben zu erfüllen haben wird. Im Ausblick, der den Roman beschließt, zählt Graf dann auch konsequenterweise im Zeitraffertempo einige dieser Aufgaben auf: »Asien konsolidierte sich schon in wenigen Jahren. Die letzten Qualifikanten-Brigaden wurden sesshafte Agrostädter, die in eine ›Weltpolizei‹ verwandelte Armee wurde auf die Gemeinden verteilt und viele Gesetze, die früher von der harten Notwendigkeit diktiert worden waren, konnten außer Kraft gesetzt werden.« (EW 583)

Obwohl der Ausblick bei erster Betrachtung den Eindruck eines geschichtslosen paradiesischen Zustandes der erfüllten Utopie erweckt,[23] macht Dicksons Hinweis deutlich, dass es sich nur um einen Generationswechsel handelt. Lediglich ein Abschnitt der Geschichte ist erfüllt: »Die Mission, welche ungefähr vor zwanzig Jahren jene ersten Ratsmitglieder mit allen Zweifeln und Konsequenzen, mit allen Mühen und bitteren Enttäuschungen übernommen hatten, [war] vollendet« (EW 584). Dicksons Hinweis auf die kommende Generation verleiht jedoch Landauers Überzeugung Ausdruck: »Sorge jede Generation tapfer und radikal für das, was ihrem Geist entspricht; es muss auch später noch Grund zu Revolutionen geben; und sie werden dann nötig, wenn neuer Geist sich gegen die starr gewordenen Residuen verlogenen Geistes wenden muss.« (AS 135-136)

Benutzt man den paradiesisch-utopischen Ausblick am Ende des Romans als Plattform, von der aus man sich die Entwicklung der neuen Gesellschaft rückblickend vergegenwärtigt, so ergibt sich ein Geschichtsbild, das in wesentlichen Punkten sowohl vom traditionellen Geschichtsverständnis der Utopie als des apokalyptischen Denkens abweicht. In der »Eroberung der

---

[23] Zu diesem Eindruck trägt besonders die Möglichkeit der Verjüngung der Menschen bei, durch die es gelingt, den Tod hinauszuschieben und damit die grundsätzliche Defizienz der *conditio humana* zu lösen. Diese Überwindung des Todes ist eine Referenz zu Blochs apokalyptischem Verlangen, »das Kraut gegen den Tod zu finden« (Geist der Utopie 330).

Welt« finden wir nicht die konsequente, planmäßig durchgeführte Umsetzung und Verwirklichung eines vorformulierten utopischen Konzeptes vor, sondern einen mühevollen, von vielen Rückschlägen und Problemen gekennzeichneten Entwicklungsprozess. Ebenso kann der Text nicht als traditionelle Apokalypse angesehen werden, obwohl sowohl im Vorspiel als auch in der Vernichtung der Nationalen Föderalisten Zuge einer apokalyptischen Vernichtungsvision aufzufinden sind. Es fehlt der radikale Umschlag vom Mangel zur Fülle, der unmittelbare Gegensatz von Vernichtung und Erneuerung, der die traditionelle Apokalypse im Sinne einer Erlösungsvision kennzeichnet.

Das Geschichtsbild, das sich aus einem solchen Rückblick gewinnen lässt, weist deutliche Übereinstimmungen mit der Philosophie Landauers auf, der Geschichte als endlose Abfolge von Topien und Utopien betrachtet. Als Topie bezeichnet Landauer den Zustand einer Gesellschaft, in der sich alle »Erscheinungsformen des Mitlebens« in einem »bestimmten Zeitraum relativ im Zustand einer gewissen autoritativen Stabilität« befinden. Als Zustand relativer gesellschaftlicher Stabilität ist die Topie wertneutral; sie »schafft allen Wohlstand, alle Sättigung und allen Hunger«. Gegen diesen Zustand der Stabilität erhebt sich in Momenten der Krise die Utopie. Hierunter versteht Landauer »ein Gemenge individueller Bestrebungen und Willenstendenzen«, die sich zu der Tendenz organisieren, »eine tadellos funktionierende Topie zu gestalten, die keinerlei Schädlichkeiten und Ungerechtigkeiten mehr in sich schließt« (Revolution 12-13). Bezieht man dieses Geschichtsbild auf Grafs Roman, so ergibt sich als erste Topie der Zustand des Hungers und des Chaos, die verwüstete Welt der Nomaden nach dem apokalyptischen Vorspiel. Gegen diese Topie richtet sich die Utopie, die Bestrebungen des Hohen Rates, die Not zu lindern und eine friedlichere Welt aufzubauen.

Die Utopie ist jedoch nach Landauer ein absolutes Ideal, das nie vollkommen zu verwirklichen ist. Versuche, die Utopie zu realisieren, führen nie zu einer Utopie, sondern stets nur zu einer neuen Topie. Dieses Konzept einer nie zu verwirklichenden Utopie findet sich in der »Eroberung« in der Einstellung des Ratsmitglieds Dickson: »Keine gesellschaftliche Ordnung war vollkommen, doch diejenige, an deren Auf- und Ausbau er mitgeholfen hatte, erschien ihm als die bisher brauchbarste«

(EW 404). In der neuen Topie, die aus dem utopischen Willen entsteht, stecken nach Landauer immer sowohl die »siegreichen Elemente der vorhergehenden Utopie, die aus dem Willen zur Wirklichkeit geworden sind« als auch »die erhalten gebliebenen Elemente aus der früheren Topie.« (Revolution 15)

Diese neue Topie ist in der »Eroberung der Welt« mit dem Aufbau der ersten Siedlergemeinden und der vorläufigen Konsolidierung des Hohen Rates erreicht. Diese Topie ist jedoch noch nicht die vollkommene Umsetzung der utopischen Bestrebungen des Rates, da sie keine Freizügigkeit für die Siedlergemeinden vorsieht. Die ursprünglichen Bestrebungen der Futuristen für das Recht der Gemeinden, ihre Siedlungen zu verlassen und sich an Orten ihrer Wahl anzusiedeln, sind daher durchaus als utopisch zu betrachten, da sie darauf abzielen, diesen Missstand zu beseitigen.

Ebenso enthält die neue Topie mit dem Geist der Nationalen Föderalisten noch starke Elemente der vorhergegangenen Topie. Die Umsturzbestrebungen dieser Gruppe richten sich auf die Abschaffung der neuen Topie und die Rückkehr zur Topie der Nationalstaatlichkeit und des Militarismus, die – obwohl sie im Roman nicht dargestellt wird – als die vor dem Ausbruch des dritten Weltkrieges herrschende Topie vorausgesetzt werden muss. Der Umsturzversuch der Nationalen Föderalisten erscheint daher im zweifachen Sinne als Konterrevolution. Im konventionellen Sinn des Wortes ist der Aufstand ein Versuch, die sozialistischen Errungenschaften der neuen Gesellschaft rückgängig zu machen. Versteht man Revolution dagegen im Landauer'schen Sinne als »die Zeitspanne, während deren die alte Topie nicht mehr, die neue noch nicht feststeht« (Revolution 14), so ist der Begriff ebenfalls anwendbar, da die Aufständischen die Rückkehr zum *status quo ante*, also zu einer vorhergegangenen Topie anstreben.

Mit der Niederschlagung der Nationalen Föderalisten entsteht dann eine neue Topie, die jedoch ebenfalls nicht als perfekte Utopie bezeichnet werden kann, da sie noch Ungerechtigkeiten in sich einschließt. Dies machen die Ausschreitungen der ultra-futuristischen Säuberungskomitees gegen die Stillen und die Katholiken deutlich. In den Schikanen der Ultra-Futuristen und in ihrem Streben nach parlamentarischer Macht manifestieren sich noch Elemente der vorhergegangenen Topie. Waren die Bestrebungen der Futuristen für die Freizügigkeit der Siedlergemeinden noch Ausdruck utopischen Geistes, der sich gegen Unvollkommenheiten der bestehenden Topie richtete, so sind ihre Machtbestrebungen jetzt zu »starr gewordenen Residuen verlogenen Geistes« herabgesunken (AS 136), die dem Geist der neuen Topie widersprechen. Durch das Eingreifen der Qualifikanten und die weitgehende Entpolitisierung der Bevölkerung wird dann diese Krise überwunden und die den Roman abschließende Topie gesichert. Dicksons Hinweis auf die kommenden Generationen legt jedoch den Schluss nahe, dass es sich auch bei diesem Zustand nicht um einen utopischen Endzustand handelt, sondern um eine wandelbare, der Geschichte unterworfene Topie.

Das treibende Moment der Geschichtsentwicklung in der »Eroberung der Welt« ist die Revolution. Dieser Begriff darf jedoch nicht im konventionellen Sinne als gewaltsamer Aufstand gegen eine bestehende Gesellschaftsordnung verstanden werden, sondern im Sinne Landauers als geschichtliche Umbruchphase zwischen alter und neuer Topie. Wichtig an dieser Definition des Begriffs ist, dass Revolution als geistiges Element verstanden wird. In seinem »Aufruf zum Sozialismus« definiert Landauer Revolution nach Proudhon als geistige Haltung, als »die Begeisterung, der Geist des Vertrauens, der Überschwang des Ausgleichs, die Lust, aufs Ganze zu gehen« (AS 103–104). So verstanden lässt sich der Begriff auf die Bestrebungen des Hohen Rates ebenso anwenden wie auf die Aufbruchstimmung der Qualifikanten und den neuen Geist, der die Siedler ergreift. Die paradiesisch anmutende Topie am Ende des Romans erscheint dann weniger als Folge politischer und gesellschaftlicher Strukturänderungen, denn als Auswirkung dieses Geistes. Sie ist nicht das Resultat einer politisch-gesellschaftlichen Umwälzung, sondern einer geistigen Revolution, durch die sich der neue Geist manifestiert und etabliert. Sie ist die Umsetzung von Landauers Forderung nach der permanenten Revolution des Geistes: »Das brauchen wir wieder: eine Neuregelung und Umwälzung durch den Geist, der nicht Dinge und Einrichtungen endgültig festsetzen, sondern der sich selbst als permanent erklären wird. Die Revolution muss ein Zubehör unserer Gesellschaftsordnung, muss die Grundregel unsrer Verfassung werden.« (AS 136–137)

Die Vorstellung Landauers, dass der Gang der Geschichte sich als unendliche Folge von Topien und Utopien darstellt, ist an sich durchaus unapokalyptisch. Landauer lehnt daher Vertreter eines teleologischen Geschichtsverständnisses ab, »gleichviel ob sie der Theorie der Katastrophen- und Umschlagsentwicklung anhängen« (AS 29).[24] Dennoch finden sich in Landauers Schriften auch apokalyptische Anklänge; vor allem wenn seine Hoffnungen für die Zukunft im direkten krassen Gegensatz zur Gegenwart stehen, gewinnt Landauers »Vision von der Erneuerung des Menschengeschlechts jene Unbedingtheit, die charakteristisch ist für den Apokalyptiker« (Vondung 236). Es findet sich bereits bei Landauer jenes Spannungsverhältnis zwischen Utopie und Apokalypse, in dem auch Grafs Roman steht: Der Aufbau einer friedlichen Gesellschaft erscheint als utopisches Ziel, das sich allerdings erst nach der apokalyptischen Vernichtung der alten Gesellschaft realisieren lässt. Daher sei hier die Funktion der apokalyptischen Untergangsvisionen in der »Eroberung der Welt« noch einmal abschließend untersucht.

Sowohl das apokalyptische Vorspiel als auch die Vernichtung der Nationalen Föderalisten weisen deutliche apokalyptische Züge auf. Bei beiden Visionen handelt es sich jedoch nicht um traditionelle Erlösungsvisionen, in denen sich der Sinn der Geschichte offenbart und ein radikaler Umschlag von Mangel zur Fülle erfolgt. Betrachtet man die Funktion der beiden apokalyptischen Visionen im Roman, so ergeben sich drei voneinander abgrenzbare Funktionsbereiche. Den ersten Bereich kann man grob als narrative Funktion bezeichnen. Hierzu gehört die bereits erwähnte Doppelfunktion des apokalyptischen Vorspiels: einmal als narratives Vehikel, mit dem die *tabula rasa* und damit Raum für den zu schildernden Neuaufbau der Gesellschaft geschaffen wird, und als Einführung in das Thema »Wiedergewinnung der Heimat«[25]. Der zweite Bereich umfasst die geschichtliche Funktion der Zerstörungsvisionen im historischen Prozess als Folge von Topie und Utopie. Hier erfüllt das apokalyptische Vorspiel die Rolle, die erste Topie des Mangels und der Verwüstung herbeizuführen, gegen die sich die utopi-

---

[24] Siehe hierzu auch Vondung 235–237.
[25] Ebenso gehört zu diesem Bereich die vom Verfasser intendierte Funktion des Vorspiels als Warnutopie.

schen Bemühungen des Hohen Rates richten. Das apokalyptische Zwischenspiel mit der Abriegelung Asiens dagegen sichert den Weiterbestand der aus utopischem Willen entstandenen neuen Topie gegen die konterrevolutionären Umsturzbestrebungen der Nationalen Föderalisten. Den dritten und wichtigsten Funktionsbereich der beiden Zerstörungsvisionen kann man als die geistige Funktion der apokalyptischen Erfahrung beschreiben. Sowohl das Vorspiel als auch die Verwüstung Asiens haben wichtige, katalysierende Auswirkungen auf den Geist der Menschen. Die furchtbaren Zerstörungen des apokalyptischen Vorspiels führen zu einer geistigen Erschütterung, die den Menschen die absolute Sinnlosigkeit des Vernichtungskrieges vor Augen führt. Das Beispiel des Hohen Rates zeigt, dass die apokalyptische Erfahrung der geistige Auslöser ist, durch den die utopische Hoffnung sich in die Tat umzusetzen beginnt. Die geistige Erfahrung der totalen Zerstörung führt zur Geburt des neuen Geistes in den Menschen: »Tief und unaufhaltsam dämmerte es in allen Menschen auf, daß Krieg und Sieg nichts mehr entscheiden könnten. Die Wüste musste erobert werden, und nur friedlich konnte sie bezwungen werden« (EW 60).

Ähnlich dazu fungiert die Abriegelung und Verwüstung Asiens als katalysierende Erfahrung, die den Weg nach innen vorbereitet, den die Katholiken und die Stillen beschreiben. Auch hier ist die apokalyptische Erfahrung das auslösende Moment, das neuen Geist ermöglicht. Erst nach der Verwüstung Asiens zieht der Papst die Konsequenz aus seiner Erkenntnis, »daß man die Menschen wohl mit Gewalt zwingen kann, [...] einer überlegenen äußeren Macht zu gehorchen«, dass dies jedoch nur »zum ewigen Vergeltungsbedürfnis, zur dunklen Rachsucht [führt], die im kleinsten und im großen bei jeder Gelegenheit aus ihnen herausbricht« (EW 366–377). Die Umsetzung dieser Erkenntnis in die Tat ist die freiwillige Übersiedlung der Katholiken und Stillen, durch die der ewige Kreislauf von Gewalt und Vergeltung gebrochen wird und in der sich der neue brüderliche Geist manifestiert.

Diese Beispiele zeigen, dass die apokalyptischen Zerstörungen in der Eroberung der Welt die Funktion der entscheidenden geistigen Erschütterung erfüllen, die nach Landauer die Voraussetzung für die Revolution ist: »Die Menschen mögen sich noch so töricht, noch so niedrig gegeneinander verhalten, sie mögen noch so sehr sich in Knechtschaft ergeben oder in die eigene Brutalität finden: all das [...] kann in der nächsten Generation, kann schon den Menschen, wie sie jetzt leben, sich ändern, wenn eine entscheidende Erschütterung über sie kommt« (AS 112–113).

Die Welt als Provinz

Das Ideal einer friedlichen, provinzialisierten Welt, das am Ende des Romans verwirklicht ist, findet sich bereits in Grafs Roman »Abgrund«. Dort vertritt ein »kleiner verhutzelter Rheinpfälzer« die Ansicht, alle Länder müssten »dezentralisiert werden, aufgeteilt in lauter kleine Länder, wenn möglich überhaupt in Dörfer« um den kommenden »Weltkrieg zu vermeiden und den Nationalismus ein für allemal« zu vermeiden: »Genossen, ein Krieg von Dorf zu Dorf? Kleine Länder vertragen sich, und außerdem – wo die natürliche Heimatliebe aufwacht, gibt's kein so dummes Zeug wie Nation mehr«, doziert der Anarchist (Abgrund 335). Während im »Abgrund« diese Vorstellung noch ironisiert wird, findet sich auf den Schlussseiten der »Eroberung« eine durchaus ernst gemeinte, fast wörtliche Parallele zu diesem Ideal der provinziellen Welt:[26] »Der wirkliche, der dauernde große Friede begann, denn für was sollte man eigentlich noch Krieg führen, und wer sollte noch gegeneinander kämpfen? Etwa Agrostadt gegen Agrostadt? Die Welt war, wie es Mikkelson vorausgewünscht hatte, »provinzialisiert« und dennoch ein natürlich gegliedertes Ganzes geworden« (EW 583).

In »Die Eroberung der Welt« beschreibt Graf eine zukünftige friedliche Weltgemeinschaft, die auf zwei grundlegenden Ideen basiert. Zum einen ist die fiktive Gesellschaft die literarische Verwirklichung von Gustav Landauers romantischen anarchistischen Vorstellungen. Die utopische Welt, die Graf seinen Lesern präsentiert, basiert auf der Umsetzung von Landauers sozialistischen Prinzipien. Das Motto von Landauers »Aufruf zum Sozialismus« – »Land und Geist also – das ist die Losung des Sozialismus« (AS 140) – wird in der fiktiven Handlung von »Die Eroberung der Welt« literarisch in die Tat umgesetzt. Landauers Anarchismus wird jedoch durch Grafs persönliche Erfahrungen aus dem

---

[26] Siehe hierzu auch Recknagel 324.

Scheitern der Münchner Räterepublik, der Weimarer Republik und den Jahren des Exils ergänzt und verändert. Dies wird besonders deutlich, wenn man die zahlreichen literarischen Querbezüge zu den autofiktiven Romanen seiner Exiljahre berücksichtigt. Graf berücksichtigt in der »Eroberung der Welt« die politischen Lehren aus seinen Romanen »Der Abgrund« und »Unruhe um einen Friedfertigen«. Während er in diesen Texten das Versagen der fortschrittlichen Kräfte angesichts des Faschismus und die Zerstörung der dörflichen Gemeinschaft durch den Terror des Nationalsozialismus demonstriert, stellt Graf in der »Eroberung der Welt« eine positive literarische Gegenwelt zu diesen Romanen dar. In »Unruhe« zeigt Graf die furchtbaren Auswirkungen, die der Geist des Militarismus und des Nationalismus auf das bayrische Dorf Auffing hat. Dieser nationalistische Geist wird in der »Eroberung der Welt« besiegt und durch den neuen Geist ersetzt, in dem sich die natürliche Religion der Stillen mit der Aufbruchstimmung der Qualifikanten verbindet. Schildert »Unruhe um einen Friedfertigen« die Perversion der Dorfgemeinschaft durch den Geist des Nationalismus, so zeigt »Die Eroberung der Welt« das positive Gegenbild dazu: die Möglichkeit eines friedlichen Zusammenlebens in einer provinzialisierten Welt, die vom Geiste Landauers erfüllt ist. Der apokalyptischen Erfahrung des Nationalsozialismus, die er in »Unruhe um einen Friedfertigen« verarbeitet, stellt Graf in der »Eroberung der Welt« die Verwirklichung seiner utopischen Hoffnung entgegen. In den Agrostädten der neuen Welt stellt Graf das Ideal der friedlichen Dorfgemeinschaft vor und erschafft eine utopische Romanwelt, in der auch ein Schuster Kraus friedfertig leben könnte.

Literaturverzeichnis

Häufig zitierte Werke werden im Text unter Verwendung der folgenden Siglen nachgewiesen:

AmT Graf, An manchen Tagen
AS   Landauer, Aufruf zum Sozialismus
EU   Graf, Die Erben des Untergangs
EW   Graf, Die Eroberung der Welt
GvA Graf, Gelächter von außen

Bauer, Gerhard: Gefangenschaft und Lebenslust. Oskar Maria Graf in seiner Zeit. München: Süddeutscher Verlag, 1987.

Bloch, Ernst: Das Prinzip Hoffnung. In fünf Teilen. Band 5 der Gesamtausgabe in fünfzehn Bänden. Frankfurt/Main: Suhrkamp, 1959.

---. Der Geist der Utopie. München und Leipzig: Duncker & Humblot, 1918.

Bollenbeck, Georg: Oskar Maria Graf. Mit Selbstzeugnissen und Bildern. Reinbek: Rowohlt, 1984.

Davis, Robert C.: The Politics of Utopia. The Genesis of Oskar Maria Graf's Die Erben des Untergangs, in: German Studies Review 13.1 (Feb. 1990). 27–42.

Düver, Wolfgang: Oskar Maria Graf und Die Erben des Untergangs, in: Oskar Maria Graf. Hg. von Heinz Ludwig Arnold. München: text + kritik, 1986. 93–103.

Feuchtwanger, Lion: Erfolg. Drei Jahre Geschichte einer Provinz. Frankfurt/Main: Fischer Taschenbuch, 1975. Erstausgabe 1930.

Glaw, Thomas: Die Botschaft der Stillen. Zu Oskar Maria Grafs utopischem Roman Die Erben des Untergangs, in: Anpassung und Utopie. Beiträge zum literarischen Werk Oskar Maria Grafs, Lion Feuchtwangers, Franz C. Weiskopfs, Anna Seghers und August Kühns. Hg. von Thomas Kraft und Dietz-Rüdiger Moser. München: tuduv, 1997. 45–53.

Graf, Oskar Maria: An manchen Tagen. Reden, Gedanken und Zeitbetrachtungen. Frankfurt: Nest, 1961.

---. Aufruf. Ich schwebe von Dingen geschaukelt und lebe mich wund. Ausgewählte Gedichte. München, Leipzig: List, 1996. (Jahrbuch 1996 der Oskar Maria Graf-Gesellschaft). 34.

---. Brief an Gustav und Else Fischer, vom 18. Mai 1943, in: Oskar Maria Graf in seinen Briefen. Hg. von Gerhard Bauer und Helmut F. Pfanner. München: Süddeutscher Verlag, 1984. 170.

---. Brief an Wieland und Trude Herzfelde, vom 12. Januar 1952, in: Sinn und Form 39.3 (1987). 564.

---. Die Entdeckung der Welt. Roman einer Zukunft. Mikrofilmkopie des Typoskripts in: Special Collections, Dimond Libray, University of New Hampshire, Durham, NH. Original im Nachlass Grafs in der Bayerischen Staatsbibliothek München.

---. Die Erben des Untergangs. Roman einer Zukunft. Frankfurt/Main: Nest, 1959.

---. Die Eroberung der Welt. Roman einer Zukunft. München: Kurt Desch, 1949.

---. Die Flucht ins Mittelmäßige. Ein New Yorker Roman. Frankfurt: Nest, 1959.

---. Gelächter von außen. Aus meinem Leben 1918–1933. München: Deutscher Taschenbuch Verlag, 1983. Erstausgabe 1966.

---. Das Leben meiner Mutter. München: Desch, ohne Jahr (1946).

---. Oskar Maria Graf in seinen Briefen. Hg. von Gerhard Bauer und Helmut F. Pfanner. München: Süddeutscher Verlag, 1984.

---. Reise in die Sowjetunion. Mit Briefen von Sergej Tretjakow. Hg. von Hans-Albert Walter. Darmstadt, Neuwied: Luchterhand, 1974.

---. Unruhe um einen Friedfertigen. Roman. München: dtv, 1979. Erstveröffentlichung: New York: Aurora, 1947.

---. Wir sind Gefangene. Ein Bekenntnis. München: dtv, 1982. Erstveröffentlichung: München: Drei Masken, 1928.

Günther, Hans: Utopie nach der Revolution. Utopie und Utopiekritik in Rußland nach 1917, in: Utopieforschung. Interdisziplinäre Studien zur neuzeitlichen Utopie. 3 Bde. Hg. von Wilhelm Vosskamp. Frankfurt/Main: Suhrkamp, 1985. 3. 378–393.

Hohendahl, Peter Uwe: Zum Erzählproblem des utopischen Romans im 18. Jahrhundert, in: Gestaltungsgeschichte und Gesellschaftsgeschichte. Literatur-, Kunst-, und Musikwissenschaftliche Studien. Hg. von Helmut Kreuzer und Käthe Hamburger. Stuttgart: Metzler, 1969. 79–114.

Johnson, Sheila: Oskar Maria Graf. The Critical Reception of his Prose Fiction. Bonn: Bouvier, 1979.

Landauer, Gustav: Aufruf zum Sozialismus. 2. Aufl. Köln: Marcan, 1925.

---. Die Revolution. Frankfurt/Main: Rütten & Loening, 1919.

Mersmann, Gerhard: Die Welt liegt im Detail. Mikro- und Makrokosmisches im Werk Oskar Maria Grafs, in: Oskar Maria Graf. Hg. von Heinz Ludwig Arnold. München: text + kritik, 1986. 86–92.

Mohr, Joachim: Hunde wie ich. Selbstbild und Weltbild in den autobiographischen Schriften Oskar Maria Grafs. Würzburg: Königshausen & Neumann, 1999.

Neusüß, Arnhelm: Schwierigkeiten einer Soziologie des utopischen Denkens, in: Utopie. Begriff und Phänomen des Utopischen. Hg. von Arnhelm Neusüß. Neuwied, Berlin: Luchterhand, 1968. 13–114.

Pfanner, Helmut: Oskar Maria Graf in Amerika, in: Oskar Maria Graf. Hg. von Heinz Ludwig Arnold. München: text + kritk, 1986. 120–130.

Recknagel, Rolf: Ein Bayer in Amerika. Oskar Maria Graf. Leben und Werk. Berlin-Ost: Verlag der Nation, 1974.

Schmidt, Burghart: Kritik der reinen Utopie. Eine sozialphilosophische Untersuchung. Stuttgart: Metzler, 1988.

Schoeller, Wilfried F.: Nachwort, in: Die Erben des Untergangs. Von Oskar Maria Graf. Frankfurt/Main: Büchergilde Gutenberg, 1982. 475.

Seeber, Hans Ulrich: Einleitung. Zur Geschichte des Utopiebegriffs, in: Literarische Utopien von Morus bis zur Gegenwart. Hg. von Klaus L. Berghahn und Hans-Ulrich Seeber. Königstein: Athenäum, 1983. 7–17.

Vondung, Klaus: Die Apokalypse in Deutschland. München: dtv, 1988.

Winter, Michael: Luxus und Pferdestärken. Die Utopie in der bürgerlichen Revolution. Etienne Cabets Icarien, in: Literarische Utopien von Morus bis zur Gegenwart. Hg. von Klaus L. Berghahn und Hans-Ulrich Seeber. Königstein: Athenäum, 1983. 125–145.

Ulrich Dittmann
Annäherung an ein Meisterwerk
Oskar Maria Grafs »Unruhe um einen Friedfertigen«

Vorbemerkung: *Im Rahmen der anspruchsvollen »Offenen Akademie« der Münchner Volkshochschule läuft eine Serie »Meisterwerke – kurz und bündig«, die einen Abend-Vortrag und ein Sonntag-Nachmittags-Seminar einem ausgewählten Text widmet. Im Oktober 2003 war ich eingeladen, OMGs »Unruhe um einen Friedfertigen« vorzustellen. Vor begrenztem Zuhörerkreis versuchte ich, Perspektiven für eine Lektüre zu entwerfen, die im Folgenden zusammengefaßt werden. Da John Margetts' Untersuchung »Zur Stellung des Buches unter OMGs politischen Romanen« im OMG-Jahrbuch 1994/95 nachgelesen werden kann, unterlasse ich hier meine selektiven Hinweise darauf. Seine Ausführungen möchte ich vorab zur Lektüre empfehlen.*

U.D.

Verzögerte Wirkung

Um die »Unruhe« und ihren Autor wehte zunächst kaum der Duft erhabener Meisterwerke, die Resonanz war begrenzt. Der Roman stand lange im Schatten der deutschen Teilung, für wenige Leser nur war er eine Art Geheimtip. Langsam avanciert das Buch jedoch zum Lesestoff der Oberstufe unserer Gymnasien und wird damit kanonisch. Aber zur angemessenen Wirkung muß man dem »Unruhe«-Roman weit mehr noch als seinem Autor auch jetzt noch verhelfen; dazu sollen, als Erfüllung einer zentralen Aufgabe der Oskar Maria Graf-Gesellschaft, die folgenden Überlegungen beitragen.

Grafs Roman »Unruhe um einen Friedfertigen« lag bald nach seinem nie angefochtenen »Leben meiner Mutter« vor, er wurde auch gerade ganz frisch in anspruchsvoller Form neu aufgelegt[1], ist jedoch weit weniger bekannt als das Mutter-Buch.

---

[1] Vgl. die Neuausgabe der 1947 in New York erschienenen Erstausgabe, die der List-Verlag im Jahr 2003 mit Hans Dollingers Nachwort von 1975 vorlegte.

 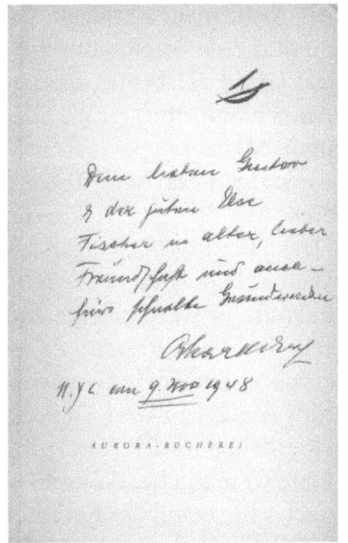

Einband der deutschen Erstausgabe im Aufbau-Verlag Berlin. Das Aurora-Signet, als Blindprägung in dem Pappdeckel sichtbar, ist auf nebenstehender Widmungsseite klar erkennbar.

Widmung für Else und Gustav Fischer, die Freunde aus Brünn lebten damals in London; als Belegexemplar legte dies Buch den Weg von Berlin nach New York zurück und ging von dort nach England. OMG unterstreicht den Schicksalstag.

Der Titel klingt unvertraut, ja er erregt, wie man immer wieder feststellen kann, Verwunderung. Wenn ich das Buch zu kommentieren versuche, um seine Qualität zu demonstrieren, dann kann ich – vor aller Beschäftigung mit dem Text – vorab auf eindrucksvolle Autoritäten verweisen, auf die Brüder Mann. Der mit Anerkennung generell sehr freigebige Thomas pries im Brief vom 22. Februar 1948 an den »großen Volksschriftsteller« Graf dessen Buch als sein »Bestes und Stärkstes«[2], und Heinrich Mann, der oft genug vom Urteil seines jüngeren Bruders abwich, meinte im Brief an Wieland Herzfelde, den Leiter des Verlags der Erstauflage, wir befänden uns mit dem Werk »in

---

[2] Thomas Mann, Briefe 1948–1955 und Nachlese. Hg. Erika Mann. Frankfurt/M. 1965. S. 24.

der nicht mehr häufigen Kunst der Meister«[3]. Damit liegt immerhin eine Bestätigung für unseren Aufsatztitel vor, nur blieb das Urteil der beiden damals durchaus gleich hoch geschätzten Autoritäten ohne große Resonanz. Grafs Buch fehlt dort, wo man Meisterwerke vermutet, in dem Standard-Nachschlagewerk für literarische Texte, in Kindlers Literatur-Lexikon, das eine Art Gegenwartskanon wichtiger Literatur repräsentiert. Der Herausgeber dieses monumentalen Nachschlagewerks, Walter Jens, stimmt zwar im allgemeinen mit Heinrich Mann überein, er war auch gleich bereit, ins Kuratorium unserer Gesellschaft einzutreten, als wir uns gründeten, d.h. er hat kaum etwas gegen Graf. Aber sein Redakteur hat unter die derzeit nur fünf Artikel zu Graf-Werken die »Unruhe« nicht aufgenommen. Überhaupt ist der Autor in diesen ›Kanon‹, in die maßgebliche Liste wesentlicher Autoren und Werke, für die ein interessiertes, nachschlagewilliges Publikum vorausgesetzt werden kann, ganz spät eingerückt. In der ersten Auflage des Kindler von 1965 war er nur mit zwei von seinen Titeln auch erst im Ergänzungsband vertreten!

Graf zeigt exemplarisch, wie sehr man den Anspruch auf ewige Gültigkeit, der sich mit dem ›Kindler‹ u.ä. verbindet, hinterfragen muß. So ein Lexikon ist stets ein Jahrzehnt hinter seiner Zeit her. Immerhin erlebte der bayrische Autor später in dem vielbändigen, durch Preis, Ausstattung und Werbeaufwand beispiellosen Werk einen erheblichen Aufstieg.

Im Romanlexikon bei Reclam von 1999 dagegen waren Autor und Titel gleich willkommen; dort konnte ich trotz begrenzten Raumes zu sechs Graf-Büchern Artikel unterbringen. Ebenso steht die »Unruhe um einen Friedfertigen« in der »Weilheimer Bibliothek für junge Leser«[4], die eine Orientierung für Schülerbibliotheken in Bayern abgibt. Wie die Beispiele zeigen, sind

---

[3] Vgl. den faksimilierten Brief Heinrich Manns an Wieland Herzfelde vom 6. Februar 1948. In: Wilfried F. Schoeller, Oskar Maria Graf. Odyssee eines Einzelgängers. Texte Bilder Dokumente. Büchergilde Gutenberg. Frankfurt 1994. S. 367.

[4] Weilheimer Bibliothek für junge Leser. Hg. von der Redaktion der Weilheimer Hefte. Weilheim 2000. [260 Titel, die von 100 Fachleuten anläßlich des Jubiläums des Weilheimer Literaturprojekts »Autoren lesen in der Schule« zusammengestellt wurden].

Lexika und Listen immer wieder auf Revisionen durch die Anstrengungen einzelner angewiesen – und die Graf-Gesellschaft versteht sich als eine Art ›pressure-group‹ für den Autor und sein Werk. Wir manipulieren dabei nicht den literarischen Geschmack, sondern geben die erfahrene Lesefreude weiter.

Bevor ich über die Gründe für die verzögerte Wirkung rede und mich damit notwendig aus der Ferne auf den Text zu bewege, möchte ich zunächst auf die Reize eingehen, die Leselust machen.

Leselust

Wir haben ein spannendes und figuren- und geschehnisreiches Buch vor uns, mit einem verläßlichen Erzähler, der Zeugnis über die Anbahnung von Hitler-Deutschland ablegt. Man hat nie das Gefühl, die Fäden glitten ihm aus der Hand oder man werde an der Nase herumgeführt, auch wenn es rückblickend schwerfallen mag, die einzelnen Episoden auf die Reihe zu bringen. Alles Mitgeteilte erhält im Lauf des Buchs seine Funktion, wir lernen viel über die deutsche Geschichte, selbst wenn sie in kriminalistische Verwicklungen oder aufregend-grobe Wirtshausabenteuer eingekleidet wird. Einen »Kriminalroman mit umgekehrtem Vorzeichen«, in dem »die Gesellschaft kriminell geworden ist«[5], nannte es einer der ersten Rezensenten. Grafs Programm der einfachen Volkserzählung scheint erfüllt, die an die Stelle des großen, breiten epischen Kunstwerks treten sollte, das nur literarisch Interessierte und Geistige anspricht. Seine Erzählung ist prall von Information und Wirklichkeit, einer »intensiv gesteigerten Wirklichkeit«, wie Heinrich Mann seine Wertung begründete. Mit der historischen Information vermittelt Graf – und das ist ein wesentliches Verdienst des Buches – seine auf leidvoller Erfahrung aufgebaute eigene Geschichtssicht auf Hitler-Deutschland.

Basis für alle genannten Vorzüge bilden Sprache und Erzähltalent. Ein paar seiner dinglichen Formulierungen kön-

---

[5] Vgl. Norbert Mecklenburg, Provinz und Faschismus. Oskar Maria Graf: »Unruhe um einen Friedfertigen«. In: Frankfurter Hefte 31. Jg. (1976) S. 59–60.

nen seine Originalität und Treffsicherheit demonstrieren: Der »katzenfreundliche«(206)[6] Stelzinger, der mit seinem »stelzigen Amtsdeutsch«(86) opportunistisch alle Katastrophen übersteht und großen Gewinn macht, hat »unentwegt ein verwichtigtes Gesicht«(86), er redet »fischgeschwind« auf die Soldaten ein(129) – Sie sehen, auf ihn hat es der Erzähler deswegen besonders abgesehen. Einer Sparkassenangestellten schreibt Graf ein »vielfaltig jammerfrommes Gesicht«(323) zu; der Druckereibesitzer hat »ein stubenfarbiges« (438) Gesicht. Mit nur einem Wort hat man die Physiognomien plastisch vor Augen!

Die Landschaft erscheint »schneevermummt und winterstill«(369), in ihr stehen die letzten Häuser auf »rundgeschulterter Anhöhe«(369). Ein philosophischer Sachverhalt wie die abstrakte, schwer greifbare Zeit und ihr Vergehen, auf die noch einzugehen ist, wird besonders eindrucksvoll von Graf vergegenwärtigt: »Ein langer Winter kroch langsam ins Frühjahr«(28); »eine kurze Pause zerglitt«(417); der Kraus »verwartet [am Bahnhof] eine ausgehöhlte Stunde«(198), er durchwacht »eine Nacht, die war ganz hohl und groß und schwärzer als jede andere« – sie hinterläßt eine »ausgehöhlte Finsternis in der niederen Kammer«(319). »Zähflüssig verrannen die Tage und wurden Wochen«(203). Nicht nur die Zeiten belasten die Figuren, auch das Vergehen der Zeit setzt ihnen zu!

Zwar hat Graf sich von den Komposita und Wortungetümen seiner frühen expressionistischen Lyrik spöttisch distanziert, dennoch behält er später – allerdings sehr viel sachgebundener – zur Freude seiner Leser die originellen Neufügungen bei; nur wenn ein Bild zu extravagant erscheint, erfolgt eine kurze Distanzierung durch den Hinweis auf redensartliche Verwendung: »Es war mitten im heißesten, verbrennenden August, wo, wie man sagt, die Herbstfarben in der Erde kochen«(374).

Es gibt auch ganz lyrische Passagen, die skandierend gelesen werden können und das Mitgeteilte rhythmisch steigern – wenn man darauf achtet, fühlt man sich wie bei antiken Epen: »Hoch

---

[6] Die Seitenangaben nach den Zitaten folgen der Werkausgabe der Büchergilde Gutenberg. Sofern aus anderen Bänden als der »Unruhe« zitiert wird, ist mit römischer Ziffer die Bandzahl angegeben. Bei Zitaten aus anderen Graf-Ausgaben werden Titel und Erscheinungsjahr angegeben.

und weit darüber spannte sich der wolkenlose Himmel, und die ewig trächtige Erde schien ihm geruhig zuzulächeln«(144); oder: »Im langsamen Verschwimmen zerrannen ihm Angst und Furcht und wehe Bitterkeiten«(399).

Sie sehen, auch ein so nüchtern und sachnah erzählender Autor bietet eindrucksvolle Stilbeispiele, die sich durch die mundartlichen Wendungen noch anreichern lassen. Auch das damals schon mehr als zehnjährige Exil hatte sie ihn nicht vergessen lassen: In ihre Schuhe und Hosen sind Grafs Figuren grundsätzlich »geschloffen« (199, 466 u.ä.) – im Essay über den bayrischen Humor verteidigt er diese Vergangenheitsform, die er durch das sonst fast dialekt-freie, also im ganzen deutschen Sprachraum verständliche Buch beibehält! Nicht-bayrische Leser müssen sich allerdings erst zwischen Eigen- und Hofnamen zu orientieren lernen, z.B. daß der Heingeiger und der Bauer, der sich Lochner schreibt, eine Person sind.

Dieser sprachoriginelle Erzähler steht den Dingen und Leuten nahe, die er uns vorstellt. Sein Realismus läßt auch keine Wahrnehmung aus – ganz im Gegensatz zu dem so häufig poetisierenden deutschen Realismus, wie er etwa zur Zeit seiner Anfänge in München propagiert wurde, ist Grafs Welt voller Gerüche und Geschmack. Immer wieder werden diese aus der klassischen Ästhetik verbannten Nähe-Sinne erwähnt. Das Riechen, dem der Mensch wehrlos ausgeliefert ist, zieht die Leser ins Geschehen. Darauf baut der Erzähler z.B. die Psychologie des Kraus auf. Seinen Stimmungswandel verdeutlicht Graf: Aus seinem besinnungslosen Glücksgefühl nach gelungenem Verkauf der Erbstücke erwacht der Schuster Kraus ganz konkret durch »den appetitanreizenden Geruch eines Wurstladens«(196), den er dann aber noch nicht betritt, weil er erst seinen Brief nach USA aufgeben will. Als er die komplizierten Umtausch- und Versandvorgänge auf der Post glücklich überstanden hat, verspürt er aber gar »keinen Hunger mehr«(198). Die sympathische Nähe zur praktischen Landwirtschaft bei dem jungen Peter, einer der positivsten Figuren im ganzen Buch, vergegenwärtigt Graf, indem er diesen »bloßfüßig« selbst bei winterlicher Witterung in den Kuhstall stellt: »denn der Mist war warm und troff saftig«(310).

Es gibt auch weniger intensive Wahrnehmungen: »Die frische Luft roch wie gewaschen und wurde mit der Zeit würziger und voller«(29). Und den sympathischen Dorfpfarrer umgibt »zwiebeliger Duft von gebratener Leber«(429), während die Jesuiten von Weylarn immer wieder vor ihren sterilen Aquarien erscheinen. Das Gespräch auf der Wanderung von Kraus und Ludwig über das wichtige ›A-bopa‹, dessen Bedeutung noch geklärt wird, unterbricht der Erzähler sehr konkret: »Der Ludwig hielt ein und schlug sein Wasser ab, und der Kraus tat dasselbe. Geruhig plätscherte es in der Stille«(269).

Im Erzählen äußert sich die Nähe zu den Figuren in vielen Einmischungen, die einen gegenwärtigen, mündlich beteiligten Sprecher suggerieren, dessen Präsenz den Stoff gleichsam beglaubigt – ein Verfahren, das Graf die besondere Anerkennung Walter Benjamins eintrug: Formeln wie »Kurz und gut ...«(10), »Wie das immer ist ...«(11), »Es läßt sich denken«(40 u.ä.) oder auch ein doppeltes »Nein, Nein ...« und ein »Kurzgefasst ...«(60) zeigen zusätzlich zu den immer wieder eingestreuten Überlegungen einen plastischen Erzähler, der zum Geschehen Kontakt hatte und vergegenwärtigend sogar mit seinen Figuren redet.

Das mag genügen, um Ihnen Lust auf eine zweite Lektüre von Grafs zupackendem Erzählen zu wecken – er ziseliert nicht die Sprache, sondern bearbeitet »das Metall der Worte«, weil er »den Stabilitätswert einer richtig gebauten Wendung« kennt, wie Tretjakow es ausdrückte.[7]

Die Beispiele sollen aber nicht nur Ihren Leseappetit reizen, sondern vor allem auf den literarischen Rang von Grafs Prosa hinweisen: Der Autor wird oft aus Gesinnungsgründen geschätzt, diskutiert und natürlich auch als Zeuge gebraucht – sein Pathos kann einem Impulse geben für Weltsicht und eigene Arbeit – aber daß Bert Brecht ihn unter den verjagten Dichtern zu »einem der besten« erklärte, das verdankt er seiner Erzähl- und Sprachkunst.

Die Politik

Auf dem Horizont dieses literarischen Ranges gewinnt die Frage nach den Gründen, warum ein so packendes Buch so lange deutschen Lesern vorenthalten wurde, besonderes Gewicht. Bevor ich auf den historischen Stoff eingehe, erläutere ich, wie gerade die-

---

[7] Sergej Tretjakow, Oskar Maria Graf. In: OMG-Jahrbuch 1997/98. S. 76.

ser Stoff zuerst gegen den Autor ausschlug. Man hielt ihn für so problematisch, daß sein Buch erst 28 Jahre nach Erscheinen den Lesern in der BRD »zugemutet« wurde. In der Sowjetischen Besatzungszone, der späteren DDR, lag es schon 1948 vor, nach der New Yorker Erstauflage 1947 in der von Brecht, Heinrich Mann, Döblin u.a. herausgegebenen Aurora-Bibliothek!

Auch in Ostdeutschland hatte das Buch provoziert, die entschiedene Parteilosigkeit einer Hauptfigur wurde in den ersten Rezensionen merkwürdig farblos kommentiert. Aber immerhin setzte man in der Ostzone ein Jahr nach den 2000 Exemplaren bei weiteren Auflagen 1948 und 1949 je 10.000 Exemplare ab; 1952 erschienen als Taschenbuch noch einmal 25.000 und 1958, als 5. Auflage, 5.000 Exemplare, schließlich kam noch ein Neudruck 1971 mit 7.500 Exemplaren raus. Fast 60.000 Exemplare gab es also in der DDR, viele standen in den diversen Bibliotheken, und man muß mit vermehrter Leserzahl rechnen: Mein antiquarisch erworbenes Exemplar mit deutlichen Gebrauchsspuren stammt zum Beispiel aus der »Betriebsfachschule der volkseigenen Schuhindustrie Weißenfels«.

Den Vertrieb ins Ausland, das waren BRD, Westberlin, Österreich und die Schweiz, verbietet das Impressum ausdrücklich.

Erst 1975 kam schließlich das nach Aussage des schon zitierten Rezensenten Norbert Mecklenburg (vgl. Anmerkung 5) »völlig unbekannte Hauptwerk« dank der von Hans Dollinger veranstalteten Werkausgabe des Süddeutschen Verlags in die BRD-Buchläden. Im Desch-Verlag, der zunächst die Werke Grafs verlegte, darunter drei Auflagen vom »Leben meiner Mutter«, hatte man bei der »Unruhe« wie bei anderen Graf-Titeln gezögert. Die Taschenbuchausgabe gab es 1980 bei dtv, sie ist inzwischen vergriffen und wird vorerst nicht mehr aufgelegt.

Aber über Graf und seine Verlage, die Gründe für deren große Zahl und schwierige Angebotspolitik, muß man wohl noch eigens forschen! Seine Bücher repräsentieren jedenfalls symptomatisch den Stand deutscher Zweistaatlichkeit. Erst Brandts Ostpolitik und die Verträge mit DDR und CSSR milderten das hierzulande befürchtete Propagandapotential des Buches, das in der DDR-Taschenbuchausgabe von 1952 auch als »scharfe Anklage« angekündigt wurde: »eine Anklage gegen alle, die aus der Vergangenheit nichts gelernt haben und dazu beitragen, daß in Westdeutschland ein ›Neofaschismus‹ entstehen kann«. Für damals »erfolgreich vergessen« hält Wilfried F. Schoeller das Buch; man könnte auch sagen ›erfolgreich verdrängt‹. Auf den Erfolg der neuen Ausgabe können wir hoffen!

Wie viele andere Bücher von Exilautoren, die der deutschen Vergangenheit galten, erschien eine Veröffentlichung in der BRD einst politisch inopportun. Selbst Thomas Manns »Doktor Faustus« provozierte wütende Reaktionen. Von Leuten, die die Weltgeschichte angeblich aus der Loge des Auslands betrachtet hatten, wollten sich die Vertreter der sogenannten ›Stunde Null‹ nichts sagen lassen, sie wollten nicht zurückblicken, wie das schon der problematische Begriff totalen Neuanfangs verrät.

Nachdem Graf sich einerseits unbeirrt auch weiterhin zu seiner Provinzschriftsteller-Maske bekannte und er anderseits in der Ostzone gedruckt wurde, trafen ihn die Vorbehalte besonders heftig. Daß »die kleine Welt so gültig für die große einsteht«, wie Thomas Mann lobte, war in der Zeit des magischen Realismus nach dem Krieg auch eher eine Absatz-Hürde. Außerdem wurde Graf in den USA ja noch bis 1954 vom CIA beschattet. Das empfahl ihn keineswegs den Kalten Kriegern in der westdeutschen Restauration.

A-bopa

Grafs Buch – um zum Text zurückzukehren – ist ein zeitgeschichtlicher Roman, man könnte auch von einem historischen reden. Denn während viele seiner Exilgenossen das Ende der Weimarer Republik und Hitlers Anfänge in ihren Auslandsjahren vor 1945 thematisierten – Graf selbst schrieb ja im Brünner Exil auch »Der Abgrund« und »Sittinger« über Ereignisse dieser Zeit – ist die »Unruhe« mit Blick auf 1945 und die Zeit danach geschrieben. In einer maßgeblichen Untersuchung von Sigrid Schneider über das Ende Weimars im Exilroman ist deswegen unserem Text nur ein Exkurs gewidmet: Die unmittelbare Bedrohung durch Hitler war bei Erscheinen des Buches 1947 vorbei, mit dem Rückblick auf die Anfänge der Nazis verbanden sich neue Fragen nach der Bewältigung der zwölf braunen Jahre. Und die bestimmten auch den sehr zeitbewußten, seismographisch reagierenden Verfasser.

Sein Buch beginnt vor dem Ersten Weltkrieg. Der Schuster Kraus als Hauptperson ist mit Frau und Sohn nach Auffing gezogen und hat sich »mit den Jahren« soweit eingewöhnt, daß die Familie »zum Dorf und zur Gegend«(13) gehört. Privat-familiäre Ereignisse wie der Tod von Frau Kraus und das Verschwinden des Sohnes nach Amerika, nachdem er den Vater bestohlen hat, gehen unter im Kriegsbeginn, womit die Hauptfigur einverstanden ist, sie will kein Aufhebens machen. Kraus zeigt den Diebstahl nicht an, er will nichts mit dem »A-bopa« zu tun haben. Was ist damit gemeint? Wie füllt der sonst so dingliche Erzähler das fremde Wort »A-bopa«?

Die Bedeutung dieses Losungsworts von Kraus macht der Erzähler dem Leser unmißverständlich klar: Gleichberechtigt mit der Hauptperson erscheint es im Titel der beiden ersten von den vier Teilen der »Unruhe«: »Ein fremder Mann und ein fremdes Wort« und »Das ›A-bopa‹ verschwimmt – das Leben wird privat«.

Daß Person und fremdes Wort nebeneinander stehen und den ansonsten klar chronologisch orientierten historischen Roman gliedern und auch rahmen, erscheint mir bedeutungsvoll. Deshalb setze ich hier mit meiner Betrachtung an. Der Erzähler personifiziert nämlich auch das, was das fremde Wort meint. Das A-bopa wird »zum Leben überhaupt« und beendet mit mörderischem Rundumschlag das weitentfaltete Geschehen: »Alles verschlang das hemmungslos entfesselte ›A-bopa‹« (487), lautet der vorletzte Satz des Romans.

Man könnte als Untertitel auch ›Ein Wort macht Karriere‹ vorschlagen, denn »A-bopa« entwickelt sich von der privaten Beschwörungsformel, die Schuster Kraus nach den schon lang zurückliegenden Verfolgungen seiner jüdischen Familie für jede Art Macht fand, zu einem für viele gängigen Kollektivbegriff. Für die Erörterung der katastrophal endenden Erfolgsgeschichte geben Ort und Zeit, Figuren und Handlung die Perspektiven vor. Von ihnen ausgehend kann die zentrale Frage an das Buch und seinen Verfasser nach der Gleichwertigkeit von handelnden Figuren und dem Wort-Popanz vielleicht beantwortet werden.

Dafür ist zunächst – vor allen seinen Funktionen im Text – der Bedeutung des einprägsamen, ominösen Worts nachzugehen: Zwar wird immer wieder diskutiert, was Kraus und die Leute um ihn, die als Widerständler gegen die Nazis unsere Sympathie haben, darunter verstehen, wenn sie es einerseits als »Telegramm-Stichwort«, als eine Art Parole für den Widerstand übernehmen, und andererseits eine wehmütige Erinnerung an den passiven Schuster damit verbinden. Daß es sich um keine bloße Klangspielerei handelt, davon darf man ausgehen. Zwar hat sich Graf selbst zu der spannungsvollen Wortschöpfung nicht geäußert, man nimmt aber zurecht an, daß er die Fügung als phonetische Umschrift von ›Embonpoint‹ gefunden hat, den französischen Ausdruck für prall-satte Körperfülle, einen umfangreichen, massigen Bauch. In Lexika und Wörterbüchern ist die Umschrift in der Form nachgewiesen, die Graf verwendet. Und Dickwanste sind in Karikaturen der Zeit wie auch in Grafs eigenen Erzählungen immer wieder Träger von Amtsgewalt, sie vertreten eine durch Raumverdrängung angemaßte machtvolle Wichtigkeit. Die von Graf geschätzte Ricarda Huch läßt in ihrem »Bakunin«-Buch einen majestätischen Portier mit Livree und Embonpoint auftreten, und Kurt Tucholsky wählt »ein Bauch von Schmeer« als Reimwort zwischen »Kanzleisekretär« und »die Autorität und das Heer«. Dem jahrhundertealten deutschen Synonym zu Embonpoint: ›Schmerbauch‹ schreibt schon das Wörterbuch der Brüder Grimm als Attribut »gefühllose Dummheit« zu.

Graf selbst läßt Dickbäuche, aufgeblasene, rotgesichtige Gendarmen, in einem seiner Märchen den Krieg befehlen. Die komplett widergeistige Anatomie steht für gleichermaßen verhaßte politische, bürokratische und geistliche Macht. Daß einem Pfarrer einmal das im Werk Grafs »übliche Geistlichenbäuchlein« (Der große Bauernspiegel. München 1962 S.228) fehlt, macht diesen besonders sympathisch. In der »Unruhe« geht es danach um die Erfolgsgeschichte des Schmerbauchs als Allegorie politischer Macht. Aber wird diese Einkleidung der Naziherrschaft und ihrem Aufstieg gerecht? Wie treffend ist eine derartige Allegorisierung oder Verbildlichung der Politik?

In jüngerer Zeit gab es eine Parallele zur Verwendung eines Körperteils für politische Zwecke. Eine Fotomontage von Klaus Staeck sorgte im Bonner Bundestag für große Empörung, als er den Amtsarsch für ähnliche Zwecke benutzte. Im vielbelächelten ›Bonner Bildersturm‹ bauten CDU-Mitglieder Staecks Plakatausstellung ab. Aber während das die satirische Aktion eines Einzelnen war und Wirkung hatte, bleibt das A-bopa zunächst leer, und läßt danach fragen, wie Graf damit dem deutschen Trauma gerecht wird? Wie er die Naziherrschaft mit dem »entfesselten ›A-bopa‹«, einem wildgewordenen Dickwanst verrechnet?

Bevor darauf eine abschließende Antwort gegeben werden kann, versuche ich, mit der Sichtung des Textes die merkwürdige Formel als Bewältigungsversuch der Naziherrschaft zu erklären.

Wie schon angekündigt, muß ich dafür weit und detailliert ausholen.

Raum und Zeit

Zunächst zum Raum, in dem das Buch spielt: Bei der ländlich-bayrischen Gegend, typischer Provinz in der Umgebung des ungenannt bleibenden München, denkt man, auch wenn kein See vorkommt, unwillkürlich an Grafs Heimat – Amdorf erinnert an Starnberg, bei Auffing denkt man vielleicht zunächst an Aufkirchen. Es ist jedoch eher Berg gemeint, das keine eigene Kirche hat. Die steht in dem in Hörweite gelegenen Pfarrdorf auf der Höhe, in Glaching, mit dem Aufkirchen gemeint sein könnte, wenn man sich denn die Orientierung wünscht. Bei dem Jesuitenstift Weylarn dachte Graf sicher an die Rottmannshöhe südlich von Berg. – Feld und Wald, Hügel und das Moor legen das Voralpenland nahe. Vor allem letztere Gegend, das für die Handlung wichtige Moor, ist dort mit den Filzen vorgegeben, die sich zwischen Starnberger See und Isar erstrecken. Traditionell dort angesiedeltes »›rotes Zigeunergesindel‹«(389) bereicherte neben den Gegensätzen von Stadt und Dorf ganz entscheidend die sozialen Erfahrungen aus Grafs Jugendzeit. Daß es sich um seine Heimat handelt, bestätigt er selbst in der während der Entstehungszeit des Buches gehaltenen Rede über »Das deutsche Volk und Hitlers Krieg«, in der er erzählte: »Wir hatten in unserer Heimatpfarrei einen Schuster namens Kraus, von dem ich noch bis 1938 Nachricht hatte [...] Wie es im Volk üblich ist, wollte er mit diesen unangenehmen Sachen nichts zu tun haben. [...] Und er sagte dabei stets: ›Man muß sich nicht einlassen auf das A-bopa«"(Reden und Aufsätze aus dem Exil. München 1989. S.223). Weiter erzählt diese Rede dann auch von Jesuiten, die »den schloßartigen Besitz eines verstorbenen Kunstmalers«, eben des Malers Karl Rottmann (1798–1850), kauften und mit ihren Exerzitien neben allen möglichen Handwerkern auch den Kraus ins Haus holten.

Gegen diese Situierung in Grafs Heimat spricht allerdings die Erwähnung von Traunstein als Landgericht, vor dem die Klage wegen Vergewaltigung verhandelt wird. Damit ist nach Ostbayern gewiesen, wo »Bolwieser« spielt und Graf häufig bei Freunden zu Gast war.

Topographisch läßt sich der Spielraum also nicht ganz klar zuordnen. Aber es kommt auch weniger darauf an, daß man das Geschehen präzise lokalisiert, als daß man seinen ganz besonderen literarischen Ort erkennt. Da liegt nämlich eine große Ausnahme vor: Denn aus der Perspektive des Bauern, die die Nazi-Literatur mit ihrem Blut-und-Boden-Mythos für sich reklamierte, hat kaum ein Autor davor das Dritte Reich kritisch besprochen oder dargestellt. Überhaupt ist die Bauernfrage für sozialistische Theoretiker so gut wie ganz hinter der Arbeiterfrage, den Problemen des städtischen Proletariats, verschwunden – meistens spekulierten linke Kritiker, die aus der Stadt kamen, über soziale Fragen.

Gerade an dieser literarischen und sozialgeschichtlichen Lücke, einer traditionellen Fehleinschätzung des Bauern als rückständig und politisch unerheblich, setzt Graf an, und hier sind die aufregende Originalität und Progressivität seines Romans zu finden. An dieser Stelle kann einer der wichtigsten thematischen Aspekte des Meisterwerks erfaßt werden.

Dazu ist nach dem Raum die Zeit als die für den Menschen wichtige biologische und soziale Wirklichkeitsdimension heranzuziehen: An ihr kann man die über die Landschaft hinausweisende Integration von politischer und regionaler Motivik aufzeigen.

Es gibt im Roman die linear fortschreitende geschichtliche Entwicklung, die von Graf erlebten und immer wieder, wenn auch ganz unterschiedlich thematisierten 15 Jahre zwischen dem Monarchie-Ende und Beginn der Hitlerherrschaft. In der »Unruhe« finden sich vom Kriegsanfang 1914 an etwa alle 50 Seiten eher beiläufig, zum Schluß jedoch zunehmend deutlicher und gehäuft, historisch fixierbare Daten. Einmal hat Graf sich wohl vertan bei den Monatsangaben, was bei den vielen Wahlen und Regierungswechseln in der Endphase der Weimarer Republik auch kein Wunder ist. Aber sonst verläuft die Datenreihe am Rande, wenn auch stetig, auf die Allmacht des »A-bopa«, den Tod des Kraus und den Anfang der Naziherrschaft im Jahr 1933 zu.

Neben dieser linearen Zeit spielen im Buch aber auch die Jahreszeiten eine bemerkenswert große Rolle. Für einen sozialkritischen, historischen Roman gibt es erstaunlich viele ausgiebige Naturerwähnungen. Die ausführlichen Naturbeschreibungen sind ohne Beispiel in Grafs sonstigem Werk. Ich zitiere ein paar Stellen vom Anfang des Romans: »Am Vormittag hatte die Januarsonne warm geschienen und dem Schnee ziemlich zugesetzt. Naß und klebrig war er. Jetzt war der Himmel dünngrau verschleiert, und die stille Luft ringsum hatte eine fade Farbe.«(24) »Ein langer Winter kroch langsam ins Frühjahr. Februar war, ein unbeständiger, heimtückischer Februar. Tagelang war es bitterkalt. Um die kahl ausgreifenden Bäume war in jeder Frühe ein dicker, leicht glitzernder Rauhreif. Die Pfützen und Dunggruben froren zu und die Fensterscheiben blieben oft bis Mittag frostüberzogen und undurchsichtig [...] Erst gegen Ende des Monats kamen einige wärmere Sonnentage. Es ging die Rede von einer großen Offensive, aber für die Bauern sagte das nichts. [...] An den Straßenrändern und Ackerrainen blinkten winzige Märzveilchen auf, und schüchtern sproß allmählich das zarte Grün aus dem feuchten Boden. Mehr und mehr verloren die Baumäste ihre stumpfe, rostige Farbe und fingen, als wäre neues Leben in sie gefahren, wieder zu glänzen an«(28f.). Was den Bauern nichts sagt, wird nicht erzählt: Ihr Blick gilt den historisch gleichgültigen Pflanzen. Das geht so weiter über die »mild leuchtende Nachsommersonne« (42) bis zu »diesem frischen, sonnigen Novembervormittag«(51), an dem die Nachricht vom Kriegsende und der Revolution eintrifft.

Die Tageszeiten mit ihren regelmäßigen Arbeiten fürs Vieh, die erwähnten Monate und die Vegetation kennzeichnen den Zeitrhythmus der Bauern durch Tag und Jahr. Historische Ereignisse – die, wie die Weltkriegsoffensive, den Bauern zunächst nichts bedeuten – klingen nur beiläufig an. Wichtig sind die Naturzeit und das Wetter, die anders als in den Heimatromanen jedoch wenig idyllisch geschildert werden: »Aus der weit offenen Stalltür quoll eine warme, dampfige Wolke. Die fressenden Kühe muhten hin und wieder. Die Ferkel grunzten« (33). Die Luft ist bei Graf voller Gerüche und Geräusche – die sind zwar weniger ästhetisch, lassen dafür aber die Figuren und Dinge umso plastischer und konkreter werden: Das Wetter wirkt sich z.B. auf die Wegverhältnisse aus und bereitet Schwierigkeiten beim Fahren und Gehen auf dem »kranken Schnee«(29). Hier spannt ›im Märzen‹ kein Bauer seine Rösslein an, wie in der heilen Welt des Volkslieds, sondern die Landleute beginnen im letzten Kriegsjahr »verdrossen ihre Feldarbeit«(29), die, nachdem Pferde, Söhne und Knechte an die Front abgezogen wurden, nur dank der russischen Kriegsgefangenen noch zu bewältigen ist.

Gleich zu Anfang des Buches sind Akzente für das ländliche Leben gesetzt. Als Frau Kraus sich für die Schönheit der Blumen begeistert, die das Kind pflückt, protestiert der Schuster gegen jedes romantische Naturgefühl: »›Die Blumen gehen uns jetzt garnichts an! Überhaupt – der Bub soll nicht immer in die Wiesen laufen. Das mögen die Bauern sicher nicht‹«(10).

Der religiösen Verklärung des Landes wie im Blut-und-Boden-Mythos der Nazidichtung und auch schon in früherer Heimatliteratur schiebt der Erzähler von Anfang an den Riegel vor. Bei Graf erleben wir keine heile Welt – die im Roman wichtigen Familien Kraus und Heingeiger sind heillos zerstritten. Bei beiden liegen Vater und Sohn im Hader. Bevor aber auf diese Figuren eingegangen wird, soll noch der weitere Horizont von Natur und Zeit erörtert werden.

Das nach Graf für das Land bestimmende Natur- und Zeitverhältnis prägt zunächst die Handlung im »Unruhe«-Buch. Wie das aussieht, hat Graf selbst in seinem älteren Bauernroman »Heimsuchung« beschrieben, in einem Auftragswerk aus dem Jahr 1925, von dem er sich später distanzierte, das aber viel von seinen Überzeugungen enthält: »In den Dörfern [...] haspelte sich das Leben geruhig ab. Die Bauernhäuser waren da, die Felder breiteten sich aus, der Himmel hing heute so und morgen so über allem Täglichen, die Menschen erhoben sich am Morgen und arbeiteten bis zum Abend, am Sonntag rasteten sie, gingen in die Kirche, der Pfarrer predigte. Rundherum war Erde und an dieser Erde hing der Mensch, bis er selber in sie zurückkehrte. Wer so aufwächst, der hat ein anderes Hirn als die Heimatlosen und Erregten in dieser Welt. Sein Leben ist ein gewöhnlicher Kreis und alles, was außerhalb dieses Kreises geschieht, ist für ihn nicht wichtig. Keiner weiß tiefer um Werden und Vergehen, um Leben und Tod, als der Landmensch [...] Er ist in sich und seiner Welt beschlossen und will nicht mehr und nicht weniger, als dies und immer nur dies: Die Heimat, die Erde und alles was dazu gehört.« (Die Heimsuchung. Bonn 1925. S. 181)

In gewisser Weise ist das Mutterbuch das auf eine Biographie aufgebaute literarische Denkmal einer solchen, dank der Politik im Untergehen begriffenen Haltung. Der reifere Graf kennt die geschlossene Landgesellschaft nur noch als eine lang vergangene Gesellschaftsstufe.

Theoretisch erklärt man die bäuerliche Haltung als Folge einer zyklischen Zeiterfahrung: Jahr und Tag laufen in ihren Gliederungen – den täglich gleichen Diensten, das Jahr in sich wiederholenden Festen – immer wieder gleich rund. Sie sind dem linearen Fortschrittsverständnis mit all seinen Veränderungen und sozialen Entwürfen entgegengesetzt.

Im Erzählen vergegenwärtigen dieses alternative Zeitverständnis eben die Naturschilderungen mit ihren Jahreszeiten und Monatszuordnungen, dem erst gegen Ende die schnell aufeinander folgenden Wahltermine endgültig das Aus bereiten. Angebahnt sieht der Erzähler die die Bauern verstörende neue Zeit mit dem Krieg und seinem Ende. Der Krieg hatte nicht nur die Jahrhunderte währende, gottgewollte Monarchie durch mehrfach im Jahr wechselnde Regierungen abgelöst, er hatte auch durch die widernatürliche Ereignisfülle und Unberechenbarkeit seines Ablaufs das Zeitgefühl verstört. Die Lebensbedingungen während der vier Frontjahre und die enttäuschten Hoffnungen der Soldaten ließen kaum mehr ein Einleben in den zyklischen Jahreslauf zu. Tödliche Schockerfahrungen in den Kämpfen zerriß nicht nur den Lebenszusammenhang, sondern raubte dem Einzelnen die Verfügung über die Lebenszeit als einem überschaubaren Ablauf. Die Rückkehr in ein sinnvoll-gleichförmiges Leben ist z.B. für Georg Löffler, die nach Grafs eigenen Kriegserfahrungen modellierte Hauptfigur im Roman »Einer gegen alle«, unmöglich. Vor seinem Selbstmord notiert dieser Bauernsohn an die Zellenwand des Gefängnisses, in dem er wegen Mord einsitzt: »Krieg aus, Friede überdrüssig«(Bd.II. S.306). Georg Löffler kehrt zwar in die Gegend des Hofes zurück, den er erben sollte, findet aber keine Lebensbasis mehr.

Was sensibleren Figuren ein Weiterleben ausgeschlossen erscheinen ließ, das kompensierten die robusteren mit ihrer Verlängerung des soldatischen Verhaltens in den Alltag und halfen damit, den Aufstieg der Nazis zu begründen.

Beispiel dafür ist in der »Unruhe« der »Militärschädel«(62) Silvan Heingeiger, der das Dorf Auffing nach seiner Rückkehr regelrecht aufmischt. Die Erziehung, die er seinem Neffen Peter angedeihen lassen möchte, sieht ein typisch soldatisches Zeitverhalten vor: Peter darf »keine Minute Zeit haben«(265), »wenn Zeit ist«(264) wird nicht mehr nach dem individuellen Tageslauf und seinen Ordnungen geregelt, sondern willkürlich von Silvan bestimmt – an die Stelle der Beachtung eines bergenden, sinnvollen Alltags tritt die Herrschaft des Gehorsams gegenüber einer Instanz, die sich absolut setzt. Von den Naturschilderungen bis hin zu Silvans »Los-los! Fix-fix!«-Kommandos (265) demonstriert der Erzähler die Bedeutung der Zeitthematik auf verschiedenen Erzählebenen. Geradezu unwillkürlich spürt der Leser die Verstörung, die nach dem Krieg durch »eine gefährlich lauernde, gleichsam stets sprungbereite, bösartige Kraft, als etwas ewig Beunruhigendes [...] sich unabwendbar ins friedliche Dasein der Leute nistete, ihre Eintracht zerriß, Mißtrauen über die Familien und Nachbarn ausgoß, die Menschen gegeneinander hetzte und die ganze frühere, natürliche Unbefangenheit verscheuchte«(49).

Die Zeit gerät regelrecht aus den Fugen, und als Benennung des Neuen, das seit Kriegsende während der folgenden Bewältigungsversuche vieler Regierungen als etwas unbegreiflich Fremdes über sie kam, greifen die Bauern nach der vom Schuster eingeführten Vokabel. Sie bietet ihnen eine Art Notbehelf, sich gegen die unbegriffene neue Zeiterfahrung abzuschirmen. Das ihnen scheinbar unbenennbare Neue erhält einen Namen, zugleich wird aber auch der Erklärungsbedarf für den Wandel verschüttet. Die Erfolgsgeschichte der unbegriffenen ominösen

Vokabel, nach deren eigentlicher Bedeutung niemand den ja nur scheinbar so bäuerlich lebenden Schuster fragt, ist zugleich die Geschichte eines Niedergangs der bäuerlichen Welt. Zwei Angehörige des Silvan Heingeiger reagieren mit Selbstmord auf die Verhältnisse, die mit ihm im Dorf einreißen. Drastischer hat kaum ein Erzähler die Ausbreitung einer Macht ohne Moral demonstriert, als dies am Vater und an der Schwester des Silvan dargestellt wird.

Weil auf dem Land jüdische Bürger als etwas Selbstverständliches galten, ja der ›Viehjud‹ – wie traditionell der Händler hieß – viel mehr als dessen christliche Kollegen geschätzt wurde, fragen die Dörfler auch nicht weiter nach dem Schicksal ihres jüdischen Nachbarn. Dementsprechend ahnen sie nichts von der todesgefährlichen Vertreibung, die für Kraus und den Leser hinter dem »A-bopa« steht; aber mit der Übernahme antizipieren sie, was sie in den folgenden Jahren erleben werden. Auch sie werden aus ihrem für die Zeit viel zu privaten Leben herausgerissen. Die Ohnmachtserfahrung des Kraus breitet sich auf eine ganze Bevölkerungsgruppe aus, deren Schicksal bei Erscheinen des Buches bekannt war.

Das Erscheinungsdatum

Ich sehe aufgrund dieser Zusammenhänge von Kraus und den anderen Dörflern eine Art Abwehr der vor und nach 1945 viel diskutierten These von der deutschen Kollektivschuld und einem angeblich eingeborenen oder schicksalhaften deutschen Antisemitismus. Thomas Mann hatte das deutsche Volk pauschal verurteilt. Im »Doktor Faustus« sieht er die mit dem NS-Regime entstandenen Verbrechen der Deutschen als Konsequenz eines Teufelspakts, als eine quasi religiös verankerte Schuld.

Graf protestierte mehrfach brieflich dagegen – in der Praxis wandte er sich gleich nach Mai '45 mit Paketsendungen für die einstigen Freunde ganz konkret gegen eine pauschale Verteufelung der Deutschen. Er blieb nüchterner und aufgeklärt hoffnungsvoller. Vor allem aber schrieb er in der »Unruhe« ein Buch, mit dem er zeigte, wie fremd die Naziherrschaft den Leuten seiner Heimat zunächst war, wie wenig sie zunächst begriffen wurde und daß sie kaum Wurzeln fassen konnte.

Gegen die zeitgenössisch wachsende Angst vor dem Atomtod formulierte er in dem gleichzeitig bearbeiteten Buch »Erben des Untergangs« bzw. »Eroberung der Welt« noch die Hoffnung auf ein Leben danach. Seine Vorstellungen gründen auf den kleinen Kollektiven der Stillen, mit denen man immer wieder den Schuster Kraus und sein Milieu verglichen hat.

Damit komme ich abschließend noch einmal zu einzelnen Figuren. Wiederholt wurde der Hauptfigur ihre Passivität vorgeworfen und Grafs Buch als ein Argument dafür verstanden, daß man sich der Politik weder entziehen kann noch darf. Einer solchen Ausrichtung widersprechen zwei Figuren: Der politisch aktivste Gegner der Nazis, Ludwig Allberger, und eine scheinbare Nebenfigur, der Jodl-Kaspar, der zu oft auftritt, um weiterhin als Nebenfigur gelten zu können.

Ludwig, Teilnehmer an der von den Nazi-Vorläufern erstickten Revolution, repräsentiert eine letztlich politikferne Grundeinstellung: »Das nahe, natürliche Zusammenleben mit den Menschen, die er von kindauf in- und auswendig kannte, machte ihn ganz zu ihresgleichen und nahm alles Besondere von ihm«(219). »Der Ludwig war, so oft er sich's auch einreden wollte, kein Revolutionär. Im Grund genommen war er noch immer der gleiche ›Versöhnler‹, ja, wenn man es genau nehmen wollte, zielte er auf etwas ganz anderes ab als die Politiker. Die strebten alle nach der alleinigen Macht im großen Staat und vielleicht auf der ganzen Welt. [...] Gewiß, der Ludwig interessierte sich seit jeher heftig für die politischen Ereignisse in den Städten und draußen in der Welt, und er nahm auch Stellung dazu, im eigentlichen Handeln aber blieb er doch immer eingefangen von den täglichen Menschen der Landschaft, deren Art und Sinn ihm von Kind auf geläufig waren.«(410)

Der Jodl-Kaspar, vom alten Heingeiger, seinem Schwiegervater und einer wichtigen Autorität im Buch, als »echter Mensch, durch und durch«(344) gepriesen, bleibt zwar im Hintergrund, er repräsentiert aber eine Kontinuität, auf die man nach 1945 hoffen durfte: »Ihm stand, nachdem er glücklich vom Krieg heimgekommen war, nicht der Sinn danach, wieder den Schießprügel in die Hand zu nehmen wie viele seiner Kameraden und sich der Revolution anzuschließen oder als ewiger Soldat mit den Freiwilligen der jetzigen Regierung herumzuziehen. Er brachte bald heraus, daß das alles keinen rechten Halt hatte. Eins aber, das spürte er immer deutlicher, das hielt sich: Ohne angebaute Äcker, ohne Wiesen, Vieh und Wald und regsame Bauern konnte die Welt nicht auskommen. Das alles blieb. Darum fühlte er sich nach allem, was er mitgemacht hatte, daheim geborgen.«(164) Er nutzt die wirtschaftlichen Umstände der Zeit (vgl. 235) und baut sich einen einträglichen Holzhandel auf: Kurz vor Schluß läßt ihn der Erzähler noch einmal die Situation kommentieren: »›Naja, jetzt kommt eben der Hitler dran!‹ meinte der Jodl: ›Was kann man da machen. Ich hab nichts übrig für ihn, aber wenn er's besser macht, ist's ja gut! Und wenn er's schlechter macht, wird er sich auch nicht lange halten können.‹ Ruhig und gleichgültig sagte er es, und der Ludwig merkte, wie zuwider ihm das Politisieren war. Man kam auf private Sachen. Das interessierte den Jodl ausnehmend.«(457)

Die Anklage des Autors kann sich gerade aufgrund der unkritisch erzählten Parallelen zwischen Ludwig und Kaspar nur soweit gegen Politik-Abstinenz, die Illusion der politischen Neutralität richten, als diese in ihrer Ungeschichtlichkeit dem Aufkommen der Nazis ausgeliefert war.

Insofern kritisiert Graf die auf Natur gründende Zeitordnung und Lebensstruktur der Landleute, die Kraus zwar zunächst Zuflucht vor seinem Schicksal zu versprechen schien und auch bot, über die die Zeitumstände jedoch schon hinweggegangen waren. Man könnte diese Kritik in Beziehung setzen zu der Selbstkritik, die Graf in seinem ersten Erfolgsbuch »Wir sind Gefangene« an seinem eigenen hedonistischen Verhalten während der Revolutionszeit übte. »Den Menschen darzustellen [...] mit seinen inneren und äußeren Hemmnissen«, das hatte er damals zu seinem Programm erklärt.[8]

Vordergründiger und einfacher als die Kritik an der Passivität von Kraus erledigt sich die Kritik an Grafs deus ex machina, an der Millionenerbschaft, die so merkwürdig aus Amerika sich über den stillen Landmenschen Kraus ergießt. Dazu meine abschließende Bemerkung: Graf hatte die Geschwister Nandl und

---

[8] OMG, Antwort an einen und viele Genossen. In: W. Dietz und H.F. Pfanner (Hg.), Oskar Maria Graf. Beschreibung eines Volksschriftstellers. München 1974. S. 28.

Lenz in den USA, es gab also eine selbstverständliche Verbindung dorthin, die sich auch lebenswichtig bewährte, als es um seine Einreiseerlaubnis 1938 ging. Daß die Verwandtschaft für seine gesicherte Existenz in dem gelobten Land bürgte, das war für den Autor – im Vergleich zu den vielen abgewiesenen Exilanten – ein ebenso großes Los wie jene Riesenerbschaft, die er seiner Hauptfigur zugedacht hat.

Ulrich Dittmann
»Unser verschobenes Heimkommen«
Oskar Maria Grafs Briefwechsel
mit dem Malerehepaar Max und Rosmina Radler
von 1945 bis 1976

Der Grund, weshalb ich nach dem letzten Weltkrieg nicht nach Deutschland zurückkehrte und die freiwillige Emigration oder vielmehr eine selbstgewählte Diaspora wählte, war der, daß ich nicht in ein Land gehen wollte, das von den Siegermächten und den von ihnen eingesetzten, gutgeheißenen und in jeder Hinsicht abhängigen Regierungen regiert wurde«, so antwortet der 68jährige Oskar Maria Graf auf Hermann Kestens Frage, warum er im Jahr 1962 noch immer nicht zurückkehrt. Sein Bild als Heimatverweigerer, als der er auch heute noch allgemein gilt, war damit geprägt. Zwar erhob man den Vorwurf fehlender Sympathien für die Not der Besiegten, die zu Hause ausgehalten hatten, auch gegen Thomas Mann und viele andere Emigranten. Daß Graf aber seine Bücher auch ganz selbstverständlich an Verlage der Ostzone bzw. später der DDR gab, ließ seine Vorbehalte gegen »die ›wirtschaftswunderliche‹ Bundesrepublik« doppelt verübeln.

Dabei gestand er schon Ende 1945 privat ein, beschämt zu sein, »daß ich im Vergleich zu Euch so wenig zu leiden hatte und Euch so wenig helfen kann«. Aus diesem Gefühl heraus wird er ganz praktisch tätig und fragt während der nächsten fünf Jahre immer wieder nach Adressen von früheren Freunden, nach Bekannten, die das KZ überlebten. Er organisiert jede Woche mehrere Care-Pakete in die alte Heimat, sammelt am Stammtisch, und wer ihm für die deutschen Freunde nur drei Dollar überläßt, wird mit einem herzhaften »Scheißkerl« bedacht, bekommt seine Spende postwendend retour und die Freundschaft aufgekündigt.

Alle Biographen erwähnen diese Hilfe, dennoch überrascht deren Ausmaß: die gezielten Fragen nach Kleider- und Schuhgrößen, nach Pinsel und Farben, die der Malerfreund braucht, der für Graf den »Brückenkopf« in München abgab: Das Spektrum der bedachten Prominenten in Bayern reicht vom Zeitungsherausgeber Werner Friedmann bis hin zum Stifterforscher Max Stefl und den Gebrüdern Hartmann. Auch seiner ersten Frau, von der er sich 1918 getrennt hatte, will er spontan alles bei seinem Freund deponierte Honorar zukommen lassen, als er von ihrer Krankheit hört. Und selbst einer Bekannten, die ihm 30 Jahre zuvor, im Jahr 1915, Päckchen an die Ostfront des Ersten Weltkriegs schickte, läßt er nachforschen. Unversöhnt und dauerhaft heftig reagiert er dagegen auf die ehemaligen Kollegen und Freunde, die mit den Nazis gemeinsame Sache gemacht hatten.

Viel mehr als die Intensität dieser Heimatkontakte überraschte in den bisher unbekannten Graf-Briefen der immer wiederkehrende Wunsch, nach München oder auch in die Schweiz zurückzukommen – der immer wieder gefaßte Plan zur Heimkehr sowie die sonst in der bekannten Korrespondenz nie belegten praktischen Ansätze zu seiner Verwirklichung.

Schon im Februar 1946 heißt es »Ich gehe ja doch zurück ... Vielleicht krieg ich beim Heimkommen einen schoenen Geldbeutel voll – brauchen kann ichs«. In New York lebte er vom Einkommen seiner Frau, die in der Redaktion der Zeitschrift »Aufbau« arbeitete, und vom »Verschleißen« seiner Bücher, die er einzeln in Nachdrucken bei den Emigranten vertrieb. Seine Hoffnung auf Wiedergutmachungsämter, die im Regierungsauftrag für die Verluste der Verfolgten aufkamen, wurden jedoch lange enttäuscht. Erst sieben Jahre später, ab 1953 bekam er nach vielem Hin und Her monatliche Überweisungen von der Bayrischen Staatsbank und drei Jahre danach, 1956, eine Entschädigung für den Verlust seiner Bibliothek und Bilder.

Obwohl die Geldsorgen wuchsen und der dementsprechend sich steigernde Zorn auf Bürokratie und Entschädigungsamt Leitmotiv bleibt, grundiert die Sehnsucht nach der Heimat viele Briefe nach München. Zunächst sind es nur Symptome: Im Herbst 1946 befällt ihn »ein sehnlicher, freilich ein bißchen ein laecherlicher Wunsch, eine Marotte fast, aber warum soll man nicht auch seine Schrulligkeiten in dieser traurigen Zeit beibehalten?« Graf wünscht sich ein Bierkrügerl mit König-Ludwigsbild – er habe noch seine Krachlederne, die er aber nur auf dem Land ab und zu trägt. Im Frühjahr 1947 kommt ein solcher Krug – »aaaber ohne Bild am Boden« – und drei »a« am Anfang von »aber« verdeutlichen die Enttäuschung darüber, daß gerade das fehlt, was für ihn den wahren Biergenuß garantiert. Er entschuldigt jedoch den Absender mit dessen Herkunft: Wer in Sachsen aufgewachsen ist, dem müsse das Verständnis abgehen, und er schließt dankend: »also Prost für heute, Knoepferl! Herrgott, einmal wollen wir doch in Muenchen umarmt saufen, hol's der Teufel!«

Der Wunsch nach einem Reservistenkrügerl erfüllt sich erst im April 1952. Da schickte ihm ein alter Schulkamerad, der Wirt vom »Kaiserhof« in der Münchner Kaiserstraße, »einen echten, sehr schoenen Koenig Ludwigskrug, einfach ideal, ich sehe meinen geliebten Unvergesslichen stets, wenn ich am Grund bin, aufleuchten. Kannst Dir denken, was das für eine Freude war. Nun, narrisch muss man halt sein.«

Aus Ferienorten, deren Landschaft ihn begeistert, kommen Karten: »Hier ists so schoen wie in Andechs, ... nein Andechs ist doch schoener«, und als der Malerfreund Walter Marcuse an den Simssee heimkehrt, begleitet ihn Grafs Sehnsucht nach der bayrischen Landschaft: »Herrgott, koennt ich doch wenigstens zu Besuch kommen. Man muß das Zeug doch sehen! Riechen und schmecken nicht weniger« – und die Hoffnung: »einmal werden wir doch noch nach Andechs wandern!!!« – mit drei Ausrufezeichen.

»Schenkt's mir no amoi bayrisch ein,
Boarisch woll'n ma lusti sei,
Boarisch woll'n ma sei ..., das kennen die Stammtischler aller Nationen bei uns«, schrieb er an einen anderen Freund.

Diese eher pittoresken und unterhaltlichen Briefstellen haben einen ernsten Untergrund. Anfang 1948 spürt er: »merkwuerdigerweise hab ich auf einmal manchmal Heimweh! Die ganzen Jahre verspuerte ich nichts davon!« Nachdrücklich fragt er aber auch nach Münchner Verhältnissen, nach der Qualität des Biers, nach Kneipen, nach Fasching und Oktoberfest. Er bittet um Zeitungen, die ihn in ein Wechselbad der Gefühle stürzen.

Weil eine Zeichnung von Olaf Gulbransson, der einst den Protest der Wagnerstadt München gegen Thomas Mann mitunterzeichnete und 1933 den Schwenk des alten »Simplizissimus«

zu den neuen Machthabern mitvollzog, auf einem Titelbild des 1946 neubegründeten »Simpl« erscheint, läßt er keinen weiteren Text in der Zeitschrift drucken, von der er immerhin Honorare für eine ganze Reihe Erzählungen bezogen hatte. »Was man so von Bayern und dem uebrigen Deutschland erfährt, lockt nicht nach Hause ... und die netten Berichte, die man vom Anwachsen der Nazis, vom Steigen der Preise und von der neuerlichen Entwertung der DMark hoert und liest, ermuntern garnicht.« Unter anderen hatten der Verfasser des berühmten Buches »Der SS-Staat«, Eugen Kogon, und der Stadtrat Anton Fingerle ihn gewarnt: »alle raten ab, heim zu kommen.«

Seine kritische Distanz wird aber auch immer wieder vom Verständnis durchkreuzt: »Wie lange Jahrhunderte hat man dieses hochbegabte Volk zu Knechtsinn erzogen?« entgegnet er, als sein Adressat mal abfällig über die Deutschen urteilt.

In dem Maße, in dem der Kalte Krieg sich in den USA ankündigt, wird ihm das nach 1945 als Diaspora erlebte Exil fremd: »Es waechst die Hysterie gegen Linke.« Als ein Ehrenmitglied bei den kritisch eingestellten amerikanischen Naturfreunden, der deutsch-amerikanischen, freiheitlichen Arbeiterschaft, gilt er der US-Bürokratie ganz selbstverständlich als Kommunist. Auf die Staatsbürgerschaft der USA kann der Staatenlose nicht rechnen. Sobald er ausreisen wollte, befürchtet er, sofort deportiert zu werden. »Das sind die Annehmlichkeiten und vor allem die wirklichen Gruende, warum ich nicht hinueberkann zu Euch, denn schließlich, wenn ich heimgehen will, moechte ich mir die Sache doch erst vorsichtig ansehen und dann erst koennte ich erst sehen, ob ich daheimbliebe ... Aber da ich ein geduldiger Mensch bin, und dazu ein gewisses Maß von Phlegma habe, lasse ich einfach alles laufen, wie es laeuft.« Und einmal, als er davon berichtet, als »fellow-traveller«, also kommunistischer Sympathisant, eingestuft zu sein, fragt er: »Na was will man da machen? Lachen!!« mit zwei Ausrufezeichen. Trotzdem bleibt ihm die Angst, daß Hetze und Hysterie gegen Rußland zu einem Krieg führen könnten, der in vier bis fünf Jahren alles vernichtet: »Manchmal verzweifelt man an der ganzen Menschheit« – das Lachen bleibt selbst ihm im Halse stecken.

Anfang 1950 bewirbt er sich um eine »ordentliche Drei-Zimmerwohnung in Muenchen«, deretwegen er sich auch an Bürgermeister Wimmer wenden möchte: »Wir denken naemlich, wenn nicht ganz unerwartete politisch-wirtschaftliche Geschehnisse dies unmoeglich machen, dieses Jahr heimzugehen«.

Zu dieser Zeit beschäftigen ihn vorrangig seine bayrischen Bücher, für die er wegen des damaligen Verlagssterbens keinen Verleger findet. Am »Notizbuch des Provinzschriftstellers von 1932«, das »urlustig, wie nur je ein Buch« werden soll, arbeitet er vor anderen. Daß dessen erster Neudruck jedoch nicht vor 2002 erschien (im Allitera Verlag, München), also bis in unsere unmittelbare Gegenwart warten mußte, läßt die Hürden erahnen, die sein Werk zeitgenössisch und postum zu bewältigen hatte. Die versuchte literarische Wiedereinbürgerung in den Anfangsjahren der BRD erscheint rückblickend so gut wie hoffnungslos!

1950 nimmt er wieder einen Anlauf: Er erkundigt sich nach den alltäglichen Kosten, wieviel Geld man für Miete und ein auskömmliches Leben brauche. »Nun zu unserer Rueckkehr. Wir haben es fest im Sinne. Wahrscheinlich im Lauf des Sommers«. Kopfschmerzen bereiten ihm allerdings »die leider schon wieder große Bibliothek und ganz anstaendige Moebel«. »Bevor ich nicht fest eine Dreizimmerwohnung mit Bad und Kueche in ruhiger Lage habe, gehe ich auf keinen Fall«. Zu dieser Zeit ist sein Selbstbewußtsein noch ausgeprägt genug, zu fordern: »Bayern muß seinen eigentlich großen Schriftsteller sichern« und »wegen Herrn Hitler was einbuessen, dazu sind wir nicht da«. Später wird er seine Ansprüche einschränken. Zunächst durchkreuzt ganz banal ein kirchlich-touristisches Ereignis, die Feierlichkeit zum Heiligen Jahr, seine Planungen: »vor Juli August ist an unsere Wegfahrt von hier nicht zu denken ... die Heiligen, welche jetzt nach Europa gehen, haben alle Schiffe und Flugplaetze bis jetzt besetzt. O Graus, muß das eine besoffene Beterei werden!« Während er noch meint, vier Eisen im Feuer für die Wohnungssuche zu haben, schränkt er seine Ansprüche bald auf eine 2-Zimmerwohnung ein. Er will allein kommen und sagt im Mai 1950 alle Pläne für einen Umzug ab: »Miriam hat ueberhaupt nach all den letzten antisemitischen Krawallen in Hamburg und Muenchen sowie der daranschließenden Polizeiattacke auf die Demonstranten keine Lust mitzukommen, ihre Lust zurueckzukommen war ja nie vorhanden, sie ginge nur, weil wir eben zusammengehoeren«.

Für eine Ausreise zur Sondierung der Lebensbedingungen in München brauchte er, um in die USA zu seiner Frau zurückfahren zu können, die Wiedereinreisegenehmigung der Staatenlosen, die aber auf sich warten läßt. Seine schon genau gefaßten Pläne, »ungefähr Mitte Juli 1950 in Frankfurt zu landen, dann nach Heidelberg und Stuttgart und zu einem Freund in den Schwarzwald« zu fahren, wofür er sich bereits gegen die Pokken impfen läßt, zerschlagen sich: »Mit der Freude, Euch einmal wiederzusehen, ist's wieder einmal vorbei. Nachdem ich alles zur Reise vorbereitet und weiss Gott was für Papiere herbeischaffen musste, nachdem man mich auf Pocken impfte etc. – habe ich bis jetzt das sogenannte ›Re-Enter-Permit‹ noch nicht bekommen. Nun bin nicht nur ich, sondern alle meine Bekannten, das Reisebüro und mein Anwalt der Meinung, dass ich so ein Permit ueberhaupt nicht kriegen werde, also nicht reisen kann! Hundertmal haben wir, hat das Reisebuero, hat der Anwalt antelefoniert, geschrieben und gefragt – immer gibts nur faule Ausreden wie ›der Akt für Mr. Graf ist nicht zu finden‹ oder der ›betreffende Beamte ist zur Zeit verreist‹. Ihr muesst naemlich bedenken, dass wenn die amerikanischen Behoerden einmal gegen einen was haben, sie dem Unbeliebten (in meinem Falle ists eine Denunziation meiner Mitemigranten von 1938 her, dass ich ›Kommunist‹ und ›bezahlter Stalinagent‹ bin!) niemals die Gruende sagen, weswegen er so ein Papier nicht bekommt, ja nicht einmal klipp und klar sagen, dass man das betreffende Papier nicht bekommt!

Genau so ists mit unserem Ansuchen um Buergerschaft, wir werden einfach im Ungewissen gelassen, basta. Ob ich da irgendwelche Geschaeftsschaeden habe und es mir unmoeglich gemacht wird, irgendwelche Plaene zu fassen kuemmert die Behoerden hier nicht. Wir sind und bleiben also ›staatenlos‹ und sozusagen freiherumlaufende Gefangene des amerikanischen Staates, wenn wir uns nicht eines Tages doch entschliessen für ganz nach Deutschland zu gehen. Wobei noch gar nicht gesagt ist, ob wir das ohne weiteres können, denn schliesslich braucht bloss das amerikanische Hochkommissariat in Deutschland das nicht für richtig finden, dann sitzen wir wieder da. Kein angenehmer Zustand ... rechnet nicht auf mein Kommen! Sage es jedem, warum«: Das Permit wird weiterhin nicht ausgestellt. Er richtet sich wieder in New York ein; nach einer abschreckenden Auskunft eines Bekannten soll »das ›Heimkommen‹ auch einer zweiten Emigration« gleichkommen. Also will er bleiben und bittet den Malerfreund um eine Stammtischtafel mit dem ironisch-resignierten Motto »Wir sind fuer Alle und Alles«.

1951 wiederholt sich die Situation. Schon im Winter packt er für einen Umzug, um »im Fruehjahr oder Sommer angetrudelt zu kommen«, und fragt nach Möbelkatalogen, um Transportkosten mit dem Einkaufspreis neuer Möbel zu vergleichen: »allzugutes Zeug haben wir ja nicht«. Diesmal machen ihm die Folgen des Kalten Krieges einen Strich durch die Rechnung: »Jetzt da die Amerikaner und die Russen jeden Obernazi als gewesenen und zukuenftigen Helden für ihre große Auseinandersetzung gewinnen wollen, ist für so eingefleischte Pazifisten wie wir es sind, kein rechter Platz mehr in Deutschland, ja schon beinahe nirgends mehr auf der Welt!«

Das Holzgestell für den Stammtisch trifft endlich ein und auf einen zum Bleiben entschlossenen Graf: »ich machte vor Freude verschiedene Luftspruenge ... du meine Guete, werde ich wieder einen Rausch haben«.

Ein Brief vom März 1951 lautet: »Mit meinem Besuch wird es nie etwas! Man muss (und die ungewisse Zeit machts einem leicht) das Plaenemachen aufgeben und alles einem gluecklichen Zufall ueberlassen.« Er konzentriert sich auf die Wohnung, baut Möbel und spielt Hausmann: »Zu fett werde ich wieder.« Erst im Osterbrief 1952 hofft er vage und sehr allgemein: »Ich schaetze, dass ungefaehr in zwei Jahren ein zusammengewachsenes Deutschland da sein wird, freilich eines, das uns nicht gefaellt, weils wahrscheinlich sehr militaerisch ist, aber nicht kommunistisch. Trotzdem, wenns soweit ist, geh ich heim.« Für den Plan, seinen vor 1933 begonnenen Bauernkriegsroman wiederaufzunehmen, braucht er »den Ruch der Gegend dazu, und muesste eben dazu nach Deutschland gehen« – aber die »verruckte Denunziation einiger ›lieber‹ Emigranten« läßt das Re-Enter-Permit wieder mal unerreichbar erscheinen. Obwohl es ihm gesundheitlich und materiell gut geht, klagt er: »Manchmal ist mir die ganze Welt, sind mir sogar die allernaechsten Freunde zuwider, ich saufe, das hilft aber auch nichts – hol alles die Atombombe.«

Erst zu Jahresende 1953 erwägt der unter der Eisenhower-Regierung als »suspekter Staatenloser« angesehene Graf ernsthafte Rückwanderungspläne. Weil aber die amerikanischen Touristen zur »Scheisskroenung nach London« wollen, sind alle Reiseplätze ausgebucht. Außerdem könnte Miriam als Jüdin kaum mehr auf eine Anstellung und erst ab 1955 auf eine Rente hoffen. Und »was wirklich fest stand«, muß verschoben werden: »Ihr koennt uns, oder vielmehr mir glauben, dass ich sehr gerne heim moechte, trotz allem Finsteren, das ich mir nicht verschweige! Die Wiedergutmachung verschiebt alles, man gibt lieber einem Nazi als solchen Falotten von Emigranten«, bemerkt er bitter, nachdem die Münchner Behörde für Entschädigungszahlungen beeidete Nachweise der Fluchtmotive des »einst stadtbekannten Hitlergegners« forderte. Die negativen Erfahrungen seines früh nach USA ausgewanderten Bruders Lenz auf seiner Deutschlandreise im Jahr 1954 lassen Graf resümieren: »Es zieht nichts mehr, ausser hoechstenfalls das Klima und die Landschaft und nur ein paar Menschen. Hier hab ich mehr Freunde als sonstwo und die amerikanische Boheme ist wie jene von uns!!! Was will man mehr.«

Zum 60. Geburtstag am 22. Juli »haben alle angegeben, als waer ich ein Preisstier«. Für ihn ist das erwähnenswerteste Geschenk ein »›Air conditioning‹«, eine Klimaanlage für die kleine Wohnung: »Gottseidank ist die Gaudi jetzt rum ... ich sitze wieder an meiner geliebten Schreibmaschine«. Die Reaktion auf die Todesfälle des Malers Josef Scharl, von Thomas Mann und Albert Einstein in den folgenden Monaten zeigen, in welch weitläufigen Beziehungen Graf in den USA stand: Aber »immer lichter wird der kleine Freundeskreis, immer leerer wirds für unsereinen.«

Mitte 1955 trifft ihn die Krebsdiagnose für seine Frau Miriam – Krankenkosten ruinieren alle Planungen. Auch für sich selbst zählt er einen ganzen Katalog eigener Symptome auf: Ischias, Hexenschuß, Arthritis und Rheumatismus – nach der Anfang 1957 bei ihm diagnostizierten angina pectoris reduziert er seinen Zigarettenkonsum von vierzig bis fünfzig auf vier täglich. Zunehmend werden die Briefe Zeugnisse eines kranken Mannes, der sich »ausgrantelt«, wie er selbst schreibt. Wie eine Art Kompensation für die verweigerte Heimreise besucht er seine schon 1905 und 1922 nach USA ausgewanderten Geschwister Nanndl und Lorenz!

Als ihm im Frühjahr 1958 ganz überraschend die Einbürgerung ermöglicht wird, und er dank des großen Entgegenkommens der Verwaltung den Eid auf die US-Verfassung ohne die auf Landesverteidigung verpflichtende Formel abgelegt hat – sein Pazifismus erlaubte ihm nicht zu schwören, er werde das Land mit der Waffe verteidigen –, meldet er sehr bald seine Ankunft in München: Er kommt ohne Miriam und befürchtet: »Sie werden mich wahrscheinlich bloss recht umeinanderschleppen vom Flugplatz weg, denke ich«. Aber die Stadt kümmert sich – wie bekannt – nur am Rande um ihn. Der damalige Kulturreferent ist wegen der verspäteten Ankunft des Fliegers schon wieder abgefahren, man versucht ihm den Lederhosenauftritt im renovierten Cuvilliés-Theater auszureden, Erich Kästner hält ihm wegen der suspekten Landestracht keine Laudatio, und die Zusage für eine Lesung in den Kammerspielen erweist sich als Sprüchmacherei. Ihm bleiben, wie er im Folgejahr schreibt, »wenig gute Erinnerungen von dort«. Außer den Adressaten und vier bis fünf weiteren Freunden ist »Nix, radikal nix!« geblieben: »Die suessmaeuligen Buchhändler in Muenchen sollen meine jetzt neu erschienenen Buecher ausstellen und nicht immer tun, als ob sie was fuer mich taeten«. Obwohl er New York zu seinem eindeutigen Lebensmittelpunkt erklärt und sich erst jetzt auch die geretteten Gemälde seiner Malerfreunde aus der Vorkriegszeit schicken läßt, will er, daß die Münchner Freunde immer »die Kurze mit Hut und Janker mit den weissen Hemden« bereithalten – bei den Besuchen 1960, 1964 und 1965 trägt er sie noch; aber außer einem Essen auf Einladung des damaligen Oberbürgermeisters Vogel freut ihn wenig. Er möchte nicht seine Besuche publik gemacht haben: »damit nicht alle Presse- und sonstigen Hanswursten ein Wesen und Geschaeft draus machen.« Einmal versucht er noch durch Anregung zu einer Briefaktion, den Münchner Dichterpreis zu erhalten, den er Ende der 20er Jahre forderte; es wird ihm aber nur eine städtische Ehrengabe zuteil, mit der er gerade mal seine Arztkosten bezahlen kann: »Warum uebersieht man OMGraf, den Urbayern und mit Fug und Recht spezifisch Muenchner Dichter, stets geradezu geflissentlich?« fragt er noch einmal. Und auf diesem Ton schließt denn auch die Korrespondenz über das nie gelungene Heimkommen. Während der letzten Jahre schreibt er nur noch Postkarten aus verschiedenen Heilaufenthalten in Arizona.

Wer war der Adressat dieser wechselvollen Geschichte, wem vertraute Graf derart viele Details an? Der Maler Max Radler, von Graf als »Knopf« oder »Knopfi«, »Maxe« oder auch »Radfahrer« angeschrieben, wurde 1904 in Breslau geboren. Er kam wie Grafs Vater aus einer armen Stellmacherfamilie, durchlief eine Handwerkslehre und blieb auf seiner Wanderschaft 1924 in München hängen. Hier besuchte er die »Gewerbeschule für das Malerhandwerk«, ab 1928 die Klasse von Georg Schrimpf, der mit Graf seit 1911 eng befreundet war und auch 1928 die Verbindung herstellte. Radler soll am 24. Februar 1933 den Autor von einem Faschingsfest abgeholt und in den Frühzug nach Wien gesetzt haben, um ihn vor Gestapo-Übergriffen zu

»Stadtbild 1 (Zeitz)«, 1931. Öl auf Leinwand, 60x70 cm sign. u. dat. r.u.:
M. Radler 1931. (Nachlaß, früher O.M.Graf, München).
Nr. 8 aus dem Katalog der Ostdeutschen Galerie Regensburg: MAX RADLER (1904-1971). Gemälde. Aquarelle. Zeichnungen. Karikaturen. 24. Juli bis 5. September 1976.
Das Bild gehört dem Kunstforum Ostdeutsche Galerie Regensburg.

schützen. Er selbst blieb mit seiner Frau Rosmina in München. Sie waren nach dem Krieg beide Mitglieder der anspruchsvollen »Neuen Gruppe« und stellten jedes Jahr in der »Großen Münchner Kunstausstellung« aus. Radler mußte jedoch, um den Broterwerb zu sichern, immer wieder auch handwerklich als Stubenmaler dazuverdienen, obwohl er viele skurril-kritische Karikaturen für den »Simpl« und den zweiten »Simplizissimus« in den fünfziger und sechziger Jahren lieferte. Von seinen Gemälden – Industrielandschaften, Arbeiterbilder und unspektakuläre Szenerien – besaß Graf ein schönes Stadtbild von Zeitz (s. S. 136). In ihrer verhalten erzählerischen Sachlichkeit erinnert seine Kunst an die von Georg Schrimpf. Schöne Beispiele zeigen die Münchner Städtische Galerie, die Ostdeutsche Galerie Regensburg und die Bremer Kunsthalle.

Zwar macht Graf für die Illustration seiner Werke vergleichsweise genaue Vorschriften, scheint ihm also nicht ganz zu trauen, aber die Sorge, Radler könne sich im Handwerk oder mit Zeitungsbeiträgen aufarbeiten, läßt ihn eine Generalvollmacht gegenüber den Verlagen ausstellen: »Vielleicht glueckt es mir, Dich doch wieder ins Kuenstlerische rueberzuretten, nichts waere mir lieber!!!« Radlers überlebten ihren Freund nur um wenige Jahre, Max starb 1971, seine Frau 1976.

Der erst Ende des 20. Jahrhunderts von der Staatsbibliothek erworbene Briefwechsel setzt dem Malerehepaar, an das sich ältere Münchner lebhaft erinnern, ein bleibendes Denkmal. Anders als die drei vorliegenden wird keine weitere Biographie über Graf sie übersehen dürfen.

Für Graf-Kenner bergen die Briefe viele neue Einblicke in Verlagsbeziehungen, Werkgeschichte, Illustrationsvorstellungen – dazu gibt es Beispiele seiner hinreißenden Rhetorik, wenn er Radlers Sorge, er könnte ihn denunziert haben, mit »Du dreimal hunderteckiges Arschloch« bedenkt und ihm klarmacht, wie gut sie zueinander stehen. Oder wenn er ihm auf die Meldung seines SPD-Eintritts ganz freundschaftlich die Leviten liest: »Wir ›Geistigen‹ muessen unabhaengig bleiben, denn an wen soll denn das Volk glauben, als an uns ... natuerlich erst dann, wenn dieses Volk sieht, dass wir tatsaechlich sowas wie das Gewissen zu sein versuchen! ... Sobald etwas sich organisiert und Macht anstrebt, wird eine Schweinerei daraus!« Er weiß aber auch, was er als stets drängelnder »Plaggeist« – »in Hetz und Hast« unterzeichnend – ihnen zumutet und abverlangt.

Durch die sonst auf sachliche Information gestimmten Briefe brechen immer wieder Formulierungslust, Humor und anrührende Anteilnahme durch. Zu Grafs Grundüberzeugungen gehört ein ganz offener Heimatbegriff: Am Stammtisch, der sich gewöhnlich nach außen abschottet, kommen bei ihm »Stammtischler aller Nationen« und singen das bayrische Lied. Als die Tochter Carlo Holzers, eines alten Malerfreundes aus Schwabing, in New York einen Syrer heiratet, kommentiert Graf: »Die Welt vermischt sich und das kann einen nur freuen.«

Die Geschichte eines unterbliebenen Heimkommens rundet sich so zum persönlichen Dokument des »Provinzschriftstellers«, der der größte deutsche Autor aus Bayern war.

Nachbemerkung: Die Briefe Oskar Maria Grafs an die Radlers befinden sich in der Handschriftensammlung der Bayerischen Staatsbibliothek nicht im Nachlaß des Autors; sie wurden später aus anderen Kontexten erworben. Man findet sie unter der Signatur Fasc.germ. 49.

Im Druck reproduzierten wir die amerikanische Schreibmaschine Grafs, der die deutschen Umlaute und das ß fehlen.

U.D.